MA FILLE, MARIE

Nadine Trintignant

MA FILLE,
MARIE

Éditions France Loisirs

Édition du Club France Loisirs,
avec l'autorisation des Éditions Fayard

Édition France Loisirs,
123, boulevard de Grenelle, Paris
www.franceloisirs.com

© Librairie Arthème Fayard, 2003.
ISBN : 2-7441-6945-5

La mémoire referme ses eaux sombres.
Et ceux-là, comme derrière une vitre, regardent, se taisent.

Czeslaw Milosz

À tes quatre fils
Roman, Paul, Léon et Jules

Ma fille chérie, que nous est-il arrivé ?

Je n'ai pas vu.

Pas compris la menace qui pesait sur toi.

Tu hantes mes nuits. Je revis ta dernière heure. Tu as eu le temps d'avoir peur. Peur de mourir. Tu as dû tenter de t'échapper, mais il était grand et fort ton meurtrier, et toi petite et mince. Il t'a facilement arrêtée dans ta course.

Il voulait t'effacer, que plus personne jamais ne te voie... Il ne t'a pas donné un coup, mais trois ou quatre, et les chirurgiens ont constaté qu'ils étaient tous d'une extrême violence. Es-tu tombée au premier coup, et s'est-il acharné sur toi, évanouie d'abord, dans le coma ensuite ? L'Anglais qui était dans l'appartement au-dessous ou au-dessus de vous, a entendu une violente dispute durant près d'une heure. Surtout des cris d'homme, a-t-il précisé. Une heure d'horreur. De peur folle. Ta dernière heure de vie consciente. Mon amour, ma fifille chérie, pardon : il était une heure du matin, je dormais. Peut-être as-tu crié « Maman ! » de ta voix blessée. Je vivais à l'hôtel, et toi dans un appartement d'une rue proche. Je ne pouvais rien entendre, mais pourquoi n'ai-je pas senti ton besoin de moi ?

Ce soir-là, en pensant que le lendemain était un dimanche, que le réveil ne sonnerait pas, j'avais doublé ma dose de somnifères. Réveillée et claire, aurais-je senti ta terreur ? À présent je les hais et cherche à me défaire de leur dépendance.

Ton meurtrier avait débarqué en Lituanie en même temps que toi, à mon étonnement.

Quelques mois auparavant, nous déjeunions, toi et moi, chez « Camille », dans mon quartier. Je t'ai dit que Jérôme Minet, notre producteur, avait trouvé un partenaire dans un des trois pays baltes, nous allions tourner là-bas. Ta réaction m'a rassurée. Tu étais plutôt contente. Tu m'as dit, songeuse :

– C'est plutôt bien... Loin de Samuel, loin de Bertrand pendant deux mois, j'y verrai plus clair.

Je l'ai raconté à Samuel, quelques jours plus tard. Samuel à ce moment-là si dévasté, si aimant. Samuel, celui avec qui tu t'étais mariée. Samuel avec qui tu vivais depuis près de sept ans. Je me souviens, il me disait : « C'est terrible, Nana, Marie, les quatre enfants et moi nous étions une famille de bonheur. Tout cela ne peut pas exploser comme ça... »

C'était vrai, et j'étais triste. Samuel, tu m'avais dit que tu l'aimais pour toujours.

Vous étiez si attachés aux enfants tous les deux que vous ne pouviez les quitter. Parfois, je te proposais de partir seule avec ton mari. Je prendrais un ou deux enfants, Michèle et Charles, les parents de Samuel prendraient les autres, vous auriez une quinzaine de jours en amoureux. Vous l'avez un peu fait. Pas assez. Je le sentais.

Samuel préparait son premier film ; côte à côte, vous vous étiez battus pour qu'il se fasse. Parfois tu écrivais avec lui. Tu jouais dedans. Quand nous plongeons dans un film, c'est un peu comme une entrée au couvent. Plus rien n'existe. On ne peut pas faire autrement. Samuel préparait le film.

C'est alors que tu as rencontré ton meurtrier.

Les petites filles sont élevées dans l'univers envoûtant des contes de fées.

Le Prince charmant doit se frayer un chemin dans les broussailles pour parvenir au château de la Belle au bois dormant. Il l'embrasse. Elle se réveille enfin. Le conte est fini et nous avons appris que le bonheur est d'être enfermée avec l'aimé.

La Petite Sirène fait don de son immortalité et de sa magnifique queue de poisson afin d'avoir des jambes. Marcher est un supplice, mais elle peut ainsi retrouver son

Prince charmant… Qui en épouse une autre. Le conte est alors fini et nous avons appris que rien n'est plus beau que le sacrifice de soi, même pour un aimé qui n'aime pas.

Ton meurtrier te voulait pour lui seul. Il s'est collé à tes pas. Tu as cru que c'était de l'amour. Ce n'était que de l'instinct de possession. Le contraire de l'amour.

Le 2 juin, ton meurtrier est arrivé avec toi à Nida, l'île lituanienne où nous commencions le tournage, et ne t'a plus lâchée.

Il attendait dans ta caravane que tu aies fini de tourner. Cela te rendait nerveuse, ce que je comprends. J'imagine Alain m'attendant ainsi. Je n'arriverais pas à travailler normalement.

S'il n'était pas dans ta caravane, c'est qu'il rôdait autour du tournage, ou bien tournait en rond dans l'appartement que vous aviez loué pour qu'il puisse travailler tranquille.

Il n'a pas travaillé.

Son attente te faisait te sentir coupable de faire ton métier. C'est ce qu'il voulait.

Inquiète, pas heureuse, tu guettais l'instant où tu pourrais le rejoindre.

Comédienne ô combien disponible, d'habitude, pour ton metteur en scène, tes partenaires, et l'équipe, jamais tu ne t'étais comportée ainsi sur un film.

Pour la télévision, nous avons fait ensemble *Madame la Juge*, avec Simone Signoret. Tu avais seize ans. Tu la regardais, attentive. Tu apprenais.

Pour le cinéma, *Premier voyage*.

Tu pleurais, le dernier jour du tournage.

Durant *L'Été prochain*, tu vivais encore rue des Francs-Bourgeois, et chaque matin nous partions ensemble, folles de bonheur à l'idée d'aller retrouver Jean-Louis, Fanny Ardant, Philippe Noiret, Claudia Cardinale, merveilleux comédiens, tous si disponibles au film, et une équipe épatante.

Tu pleurais, le dernier jour du tournage.

Dans *Rêveuse jeunesse*, tu riais avec Chiara Mastroiani, avec tous les acteurs, techniciens et ouvriers du film.

Tu pleurais, le dernier jour du tournage.

Pour le cinéma de nouveau, nous avons fait *Fugueuses*. Le tournage était à Lisbonne. Sur le plateau, je te voyais rire avec Irène Jacob, Nicole Garcia et Stefano Dionysi. Roman allait au lycée français. Paul s'amusait souvent, pas loin de nous, surtout quand nous tournions au bord de la mer.

Tu pleurais, le dernier jour du tournage.

Dans *L'Insoumise*, enceinte de six mois, tu étais vite devenue complice de Farida Belkhela. Jean-Louis y était ton père. Durant vos scènes, je vous voyais si semblables dans votre façon de jouer, si perfectionnistes.

Tu pleurais, le dernier jour du tournage.

Victoire ou la douleur des femmes, nous l'avons écrit ensemble d'après le livre de Gilbert Schlogel. Élie Chouraki, notre producteur, nous rejoignait parfois, nous donnait des idées. Tu étais heureuse de découvrir le plaisir de l'écriture.

Le dernier jour du tournage, à nouveau tu pleurais.

Colette, nous l'avons écrit ensemble, et là aussi ç'a été le bonheur.

Mais, durant le tournage, je ne t'ai retrouvée que par ellipses.

Tu étais inquiète, pas heureuse.

J'ai cru que c'était de la fatigue.

Je n'ai pas vu. Pas compris.

Tu me manques de plus en plus, Marie, ma fifille chérie. Je te vois partout. Quand je ferme les yeux, ce sont toujours tes derniers moments qui défilent dans ma tête. Ceux, atroces, juste avant que tu ne tombes dans ton coma profond.

Il faut que j'apprenne à ne plus attendre ta venue. Pas facile. Dès que je relâche mon attention, inconsciemment, je guette la porte qui s'ouvre sur toi, ou la sonnerie du téléphone, et ta voix à l'autre bout du fil. Et puis je reviens à la réalité et je retiens le flot de larmes qui monte du plus profond de moi. Je ne suis pas folle. Je sais que tu ne peux plus apparaître comme avant, heureuse, faisant mille choses à la fois, ou bien dormeuse – tu te couchais auprès de moi quand tu me trouvais encore au lit. Comme nous aimions ces moments faits de douceur et de rires !

Tu n'es plus là.

C'est fini.

Comment ça peut être, la vie sans toi ?

Comment je faisais, avant ta naissance ?

Trois heures et demie du matin.

Je n'arrive pas à dormir.

Cette lettre, que deviendra-t-elle ? Un fichier de plus que je reprendrai comme ça, au cours des années, comme un rendez-vous entre nous deux ? Un livre ? Et les lecteurs, ce seront des personnes qui t'aiment, qui ont eux aussi l'envie d'être avec toi le temps d'une lecture... Et peut-être un peu après, dans leurs songes...

Je prends des lettres qui me parlent de toi :

José Giovanni m'écrit : « *Je viens près de toi, avec le cœur dans cet horizon qui bascule, cette noirceur qui engloutit tes minutes et tes jours…* »
Et à propos de ton meurtrier :
« *Ce faux apôtre des grandes causes, à cheval sur un créneau de distributeur de disques, entre dans la catégorie des tueurs.* »

Monika de Pologne : « *Marie était un zéphyr et une brute l'a écrasée.* »

Une Péruvienne : « *Marie est dans la lumière du monde qui ne s'éteint jamais. Qui brille pour toujours, telle une étoile dans l'univers. Pour Marie, justice ! afin qu'elle repose en paix…* »

Maria de Medeiros, ton amie, a choisi de t'écrire à toi : «[…] *L'injustice, l'absurdité, la violence qui se sont abattues sur toi. Tu* manques. *Il y a comme un déséquilibre, comme une particule dans l'air qui est importante, et qui n'est plus là. Ta présence rieuse, ta personnalité toute empreinte d'audace, et d'une frémissante, inquiétante tranquillité, concentrée dans ce regard qui vous observait au plus profond de vous et vous acceptait.*

Je te salue, Marie pleine de grâce, je salue tes parents, je salue tes enfants et tous ceux qui ont su t'aimer.

Bien sûr je connais peu les circonstances, mais il m'est impossible de ne pas faire le rapprochement entre l'acte horrible qui t'a condamnée et les formes de machisme qui, à mon sens, persistent dans les milieux artistiques et assimilés à gauche. Chaque fois que j'en ai fait la remarque par le passé, mes interlocuteurs tombaient des nues, outrés, comme si l'appartenance à une certaine famille culturelle les dissociait définitivement de toute forme de barbarie, de discrimination raciale ou sexuelle.

Je voudrais crier jusqu'à m'en écorcher la gorge, jusqu'à ce que ma voix ressemble à la tienne, à ta voix qui me hante et résonne en moi comme un *dévastateur appel au secours : une baffe n'est jamais anodine, une baffe n'est jamais un accident. Un coup est toujours chargé de sens, d'un sens de destruction, soit immédiate et physique, soit intérieure et morale.*

Je suis triste, Marie, de ton départ. Et, pour le dire, il n'y a plus qu'un mot de mon enfance, de ma langue natale qui me vient à l'esprit : Saudade. »

Saudade : mot intraduisible en français. *Saudade*, c'est la nostalgie de ce qui n'a pas eu lieu : la fin du tournage de *Colette*, les autres films que nous avions envie de faire ensemble, tes retrouvailles et tes vacances en août avec tes fils… Ta joie de les voir grandir, ton travail de comédienne sur des films, des pièces qui ne verront pas le jour, ce que tu voulais écrire et mettre en scène, comme Maria de Medeiros quand elle a fait *La Révolte des œillets*. Les chansons que tu avais envie de chanter… Mille rires, mille pleurs aussi… La vie, quoi. La vie que tu savais rendre fête. Mon enfant que j'aime je vais tâcher d'être digne de toi. D'être une bonne grand-mère.

Pour le travail, si indispensable à mon équilibre, j'ai peur du moment où *Colette* sera mixé, étalonné, terminé. Pour moi, ce montage de tes deux derniers films est la dernière de nos collaborations.

Devant quel vide vais-je me retrouver ?

Depuis des années, je n'ai pas entrevu la possibilité de faire un film sans toi. C'est toujours toi que j'avais envie de filmer.

Sur le terre-plein, devant l'hôpital, la peur est entrée dans mon ventre comme un coup de poing quand j'ai vu ton frère sangloter. Sa longue silhouette cassée en deux a fait bondir mon cœur, à le rendre fou. J'ai su que quelque chose de terrible s'était passé. J'ai pris Vincent dans mes bras. Il me serrait contre lui, il disait que c'était grave. Très grave.

Ils étaient en train de t'opérer.

19

Une demi-heure avant, le téléphone m'avait réveillée. La voix de Vincent, altérée malgré ses efforts :

– Maman, il est arrivé quelque chose à Marie, viens à l'hôpital, n'aie pas peur, ça va aller, Ruta te prend dans un quart d'heure devant l'hôtel.

Entre deux sanglots, serré contre moi, Vincent répétait maintenant :

– Ce n'est pas possible. Ce n'est pas vrai !

Et comme lui je pensais : pas toi, Marie. Non. Pas toi.

Sous les espèces d'arcades, ton meurtrier rôdait, tête basse, honteux, minable, comme s'il avait juste fait une sale blague. D'un coup, ton frère m'a lâchée, est allé vers lui, lui a dit de filer ; que sinon, lui, Vincent, allait faire une connerie. Il a levé son bras, l'autre a couru, Vincent le poursuivait, j'ai hurlé le nom de mon fils. C'est Patrick Millet, notre si merveilleux directeur de production, qui a réussi à arrêter ton frère.

Ton meurtrier a disparu. Il n'est pas allé dans les bois alentour comme un homme qui aime et ne peut quitter sa bien-aimée.

Non. Il est retourné à Vilnius en taxi.

Penser à sa défense.

Jamais il ne t'a aimée pour toi.

C'est Vincent qui a prévenu Jean-Louis. Je n'aurais pas pu. La pensée de sa douleur... Comme moi, désormais, il est déserté de toi. Je me sens atrophiée, handicapée, incapable de l'aider.

Au téléphone, Alain lui non plus n'arrivait pas à croire à ce cauchemar. Je l'entendais pleurer depuis son lit, à l'hôpital Léopold Bellan, à Paris. Il a dit à Vincent de prévenir la police.

Alain, durant le tournage de *Colette*, avait failli mourir entre Séoul et Singapour où, devant sa forte fièvre, on l'avait isolé. Époque du SRAS. Soigné dans un hôpital par un médecin chinois qui lui avait administré de puissants antibiotiques. Un mois plus tôt, il avait chopé un staphylocoque au cours de son opération pour une hernie. Toujours durant le tournage, j'ai suivi son évolution jour après jour par téléphone. Quand, à Séoul où il était juré dans un festival très sympathique, il me raconte qu'il a « un peu » mal au ventre et qu'il sent comme une boule se former, je le supplie de rentrer à Paris. Têtu, il me répond : « J'ai promis de présenter mon film à Delhi. » Cet homme d'une intelligence remarquable est incapable de modifier ses projets.

De retour à Paris, il est aussitôt allé consulter le docteur Abastado, s'est fait faire un scanner. Je l'ai appelé juste après. Il était dans la rue. Seul. Face à l'ampleur de son infection, on lui avait dit de se rendre directement à l'hôpital, sans même passer à la maison chercher ses affaires de toilette. Il n'avait rien demandé et me dit au téléphone :

– Je vais me faire opérer d'urgence, mais je ne trouve pas de taxi.

Je regardais la plaine lituanienne trans-
formée en champ de bataille lorrain : Verdun 1915. Toi, ma fille, si belle en soldat bleu. Les machinos installaient un travel-
ling. J'étais angoissée : comment d'ici aider Alain ?

À présent bien opéré par le docteur Méri-
gnac, depuis son lit d'hôpital Alain était doublement malheureux puisqu'il ne pouvait accourir auprès de nous.

Plus tard, quand ton meurtrier a appelé, Vincent lui a dit qu'il venait de prévenir la police. Quand ils sont arrivés, les policiers l'ont trouvé endormi, il avait pris des somni-
fères. Il savait qu'on allait venir le chercher. Ce suicide-là (depuis, j'ai appris qu'il avait fait d'autres tentatives) était un simulacre. S'il avait vraiment souhaité cesser de vivre, il n'avait qu'à ouvrir la fenêtre et se jeter dans le vide ; il avait peu de chances de s'en tirer.

Toi, mon amour, j'ai su plus tard que tu n'avais déjà plus qu'une chance sur dix de t'en tirer.

Une chance sur dix.

Le chirurgien nous expliqua qu'il aurait fallu t'amener à l'hôpital dès que tu étais tombée dans le coma.

Mais, à ce moment-là, ton meurtrier t'a déshabillée, planquée dans le lit, sous une couette, et a passé plus de quatre heures à téléphoner à Paris avant d'appeler Vincent. On appelle ça « non-assistance à personne en danger ». Il t'avait tuée et avait aussitôt pensé à lui : que faire pour se sauver ?

Dans la journée, un jet privé s'est posé sur l'aéroport de Vilnius. Je crois que dedans se trouvaient sa femme et ses musiciens. Le jet est resté là jusqu'à ce que la garde à vue de ton meurtrier se transforme en préventive.

Ton frère, ton fils aîné et moi nous avions une même peur. Si ton meurtrier sortait libre après sa garde à vue, il pouvait se barrer en Amérique du Sud et vivre dans le luxe sans problème. Se promener, boire un café à une terrasse – vivre enfin, ce que toi tu ne feras jamais plus.

Le juge lituanien a compris que c'était bien un meurtre.

Hébétés de douleur, nous espérions encore voir tes yeux s'ouvrir. L'espoir : impossible à déraciner du cœur humain.

Le temps était interminable. L'opération a duré beaucoup d'heures. Je ne sais plus combien.

Une dame me demande tes nom, prénoms et date de naissance. Mécanique, je récite : Marie. Joséphine. Innocente Trintignant. Au moment de dire ta date de naissance, je me souviens : la même demande, il y a trente-quatre ans exactement, à Rome, pour Pauline. Vincent voit mon désarroi et me serre contre lui.

Nous avons appelé Roman, ton fils aîné. Même regard, même douceur, mêmes réactions. Roman, c'est beaucoup toi à seize ans.

Durant cette semaine fatale, il est devenu un homme. En ce dimanche de soleil, l'horreur est entrée dans nos vies. Nous disions les mêmes mots : « Ce n'est pas possible. Ce n'est pas vrai. Pas elle. » Tu ne pouvais pas... Impossible. Pas toi, mon bébé... Attente sans fin. On se réconfortait. Frêle, un corps d'adolescente, mais une vraie force intérieure. C'est ce que me disait Alain au téléphone. Alain qui, à présent, la nuit, sent mes larmes silencieuses, me prend contre lui, éclaire, me parle des heures durant. Fait tout ce qu'il peut pour me sortir de ce cauchemar qui, hélas, est réalité.

La veille de ce dimanche, dernier jour de tournage de Lambert Wilson ; toi et moi nous avions décidé d'offrir un pot. Tu étais espiègle, durant cette journée. Comme avant. Tu courais dans le couloir de la « Maison Jouvenel » avec le grand lévrier afghan, tu chantais avec Lambert, tu riais avec moi. Je te retrouvais avec ta belle liberté, ton humour, ton amour, ta joie de vivre. Je te retrouvais intacte. Tes yeux immenses, pleins d'étoiles. Avais-tu pris la décision de te libérer de la peur, de la honte ? De quitter ton meurtrier ?

Je crois que c'est François Catonné qui a remarqué :

– Elles s'amusent bien, aujourd'hui, la mère et la fille.

Comme d'autres fois sur ce film-là. Mais seulement par à-coups.

Et comme tous les jours sur tous les autres films.

Ce tournage-là était différent. Tu étais inquiète dès qu'il y avait une scène d'amour. Et si excessive, si sombre. Je ne déchiffrais rien.

Comment aurais-je pu concevoir que tu craignais après coup une scène de ton meurtrier ? Sa violence ?

Jamais je n'ai compris que c'était lui qui te tourmentait, à cause de ce qui fait partie de ton métier. Et puis, nous avons toujours été pudiques. Ce que je te demandais n'avait rien de choquant. Tu m'as souvent dit que j'étais très forte sur les scènes d'amour.

Cette fois, je sentais en toi un rejet farouche.

C'était ta peur obscure de l'autre. Cela, je le sais aujourd'hui. Il tissait autour de toi sa toile d'araignée pour t'isoler de nous. Il te dominait. T'avait petit à petit enlevé le pouvoir de dire : « Non. » À toi ! Si libre !

Impossible pour moi de l'appréhender.

Roustang a écrit : « *Tout un chacun oscille entre le désir d'indépendance, de maîtrise, de responsabilité, et le besoin infantile de se retrouver dans un état de dépendance, d'irresponsabilité et ainsi d'innocence.* »

Je te déchiffre seulement aujourd'hui.

Je lis des lettres de femmes battues. Des livres sur le comportement des cogneurs. Je comprends tout un monde que j'ignorais.

Il t'était impossible de m'en parler. La honte et la peur avaient envahi ta vie.

Tu te sentais fautive de faire ton métier.

Cette nuit-là, à quelques mètres de ton corps inanimé, ton meurtrier a dit au télé-

phone à ton mari que *Colette* se faisait
« contre lui ».

C'est ce qu'on appelle de la paranoïa.

Tu as cru que tu allais guérir ton meurtrier, oh ma naïve chérie !

Je pensais, moi, que c'étaient les premiers
temps d'un nouvel amour qui faisaient que
nous – c'est-à-dire l'équipe et même les
acteurs, et même ton frère, et même moi –
tu ne nous voyais qu'à peine, comme à
travers un voile de tulle. Je disais à Vincent :

– Elle n'est pas comme d'habitude. Elle a
changé. Je l'ai toujours vue bienheureuse de
tourner.

Il me disait que tu étais crevée, et c'est
vrai que le matin tu avais les traits tirés.

Tu étais taciturne. Cela, c'était nouveau.

Je t'ai vue vivre les débuts de ton amour
avec Richard, avec Samuel : tu étais rayonnante, comme le sont les femmes dans ces
cas-là. Avec François aussi, malgré la peine
que tu faisais à Richard qui se reflétait un
peu sur toi, mais tu ne sombrais pas ailleurs

comme je le sentais, obscurément, durant ce tournage. Je te demandais parfois :

– Tu es heureuse ?

Je n'osais pas aller au-delà des limites de la discrétion qu'une mère doit à sa fille. Quelle erreur, mon amour !

Je ne devinais pas l'inimaginable.

Le soir, dans mon lit, surtout lorsque nos points de vue s'étaient opposés dans la journée de travail et que nous en sortions toutes deux attristées, je recevais souvent tes textos d'amour auxquels je répondais aussitôt. Nous avions le même besoin d'effacer des discussions stériles. Je te disais donc :

– Tu es une magnifique Colette. C'est ce qui importe.

Ou je te laissais le même message au téléphone.

Je n'ai pas vu. Pas compris. Pardon, ma tendresse...

Ton meurtrier savait si bien se cacher. C'est plus tard, c'est « après », qu'on m'a dit qu'il était violent, aimait se castagner, avait déjà envoyé des femmes (dont la sienne) à l'hôpital. Elles n'ont pas porté plainte et nient aujourd'hui ce passé encombrant. Elles doivent aussi avoir peur.

Les « femmes battues ». Comment leur dire de ne pas accepter ? Jamais !

Elles sont un million et demi en France. En 1999, il n'y a eu que dix-sept mille plaintes.

La plupart des cogneurs ont bénéficié de non-lieux. Un sur trois a été jugé. Ils ont écopé de peines avec sursis. Aujourd'hui, il semble que la justice soit plus attentive. Pas encore assez, si j'en crois les lettres que je reçois.

Tu as cru que ton meurtrier t'aimait. Il voulait te posséder. Que tu sois à lui, et seulement à lui. Ce n'est pas de l'amour, ce n'est pas de la passion, c'est de la possession.

Durant le tournage, quand François Catonné réglait la lumière, ou bien tu courais rejoindre ton meurtrier dans ta caravane où il passait la majorité de son temps, ou bien tu lui envoyais des textos. Tu le faisais parfois en te planquant dans un coin.

Comme une coupable. Il s'agissait de le rassurer sans relâche sur ton amour. De ne jamais t'échapper de lui. Sinon, il discuterait avec âpreté, il te giflerait, puis pleurerait, inversant les rôles, pour que tu le consoles. Avec lui il n'y avait pas de discussion possible pour toi. Il te dominait. À ce point-là de vos rapports, impossible pour toi de réagir.

Mais tout cela, c'est seulement aujourd'hui que je le comprends.

J'étais à Paris. C'est après le cimetière du Père-Lachaise que mon portable m'a prévenue que ma boîte de messages était pleine. Je les ai lus un à un, et les ai effacés à mesure. Oh, ma chérie jolie, l'un d'eux, d'un coup, m'a coupée en deux.

Metteur en scène mangé par son film, je n'avais pas su le décoder. Comment aurais-je pu ? Tu m'avais écrit une phrase de poète que Jean-Louis nous avait apprise, que nous aimions dire, et l'avais fait suivre d'une signature où je crus que tu parlais de moi, de mon acharnement à vouloir tourner *Colette* au plus près. À te pousser, durant les scènes d'amour, là où tu aurais préféré ne plus aller. Tu m'avais écrit – et je le relis sans cesse :

> *De Marie :*
> *14 juillet, 21 heures 07.*
> *« Sois sage ô ma douleur, et tiens-toi plus tranquille. »*
>
> *Fifille battue.*

Je suis restée figée devant ces mots. Comme un voile qui se déchire, je comprenais trop tard.

« *Sois sage ô ma douleur…* », ce choix-là ne devait rien au hasard.

Oh, mon amour, Marie que j'aime, comme j'étais loin d'une horrible vérité que tu m'envoyais à ta façon, en forme de charade ! Je t'appelle souvent « fifille », et j'ai pensé que c'était forcément à moi que tu faisais allusion. J'ai cru que c'était moi qui, non pas te battais, bien sûr, mais t'en demandais trop au tournage.

Comment imaginer que toi, tu puisses être une femme battue ?

Tu me tendais une perche que je n'ai pas vue. Tu provoquais à ta manière une discussion que je devais, moi, amorcer.

Le lendemain matin tu as dû m'attendre dans ta caravane. Je suis venue et je t'ai déçue. Devant ta mauvaise mine, je n'osais rien dire. Un metteur en scène doit insuffler confiance et amour à ses acteurs. Pas leur dire, juste avant la reprise du tournage, qu'ils ont mauvaise mine, que ça ne va pas…

Je ne t'ai rien dit.

Dieu, que je m'en veux !

Jamais je ne pourrai me pardonner ce malentendu ! ce mal-lu !

Le message suivant, c'est :

> *De Marie :*
> *17 juillet, 19 heures 51.*
> *Dors bien, petite mère.*

Que c'est doux, ma tendre merveille.

Et puis :

17 juillet, 19 heures 51 – de Marie
[à la même heure donc].

Maminouche, je défends cette pauvre
femme quand tu dis : « Une horde d'hom-
mes qu'elle provoque. » Pas là, non. À
part ça je suis une plaie pour les scènes
d'amour, oui, pardon, je sais, mais je
t'aime.

Fifille.

T'en fais pas pour demain.

La pauvre femme, c'est Colette. Je ne me
souviens pas d'avoir dit : « Une horde
d'hommes qu'elle provoque… » Colette,
femme libre, écrivain de renom, se produi-
sait sur les planches, faisait scandale en
dévoilant un sein, mais je n'ai jamais pensé
qu'elle provoquait volontairement. Ni toi.
Nous avons écrit ce film en discutant beaucoup, et nous étions d'accord sur l'essentiel.

Tes messages sont semés de fautes d'orthographe étranges, comme tes lettres que

35

j'ai gardées, tes mails que j'ai, hélas, effacés…

Tu as rapidement appris à lire grâce à la fameuse « méthode globale ». Rentrée à l'école en septembre, tu lisais avant Noël en faisant ces gestes insolites qui correspondent à des groupements de syllabes. Ton papa et moi étions fiers et ignorions que ton orthographe prenait là un tournant fatal.

Tiens, pourquoi le dernier message date-t-il du 11 mai ? Mystère. Ils sont rangés dans quel ordre, les messages ?

> *11 mai, de Marie :*
> *On va y arriver, ma petite minouchette, on va y arriver, nom de Dieu. On est des guignols ou on l'est pas. Embrasse mon frère préféré et embrasse-toi toi-même. Je t'aime.*

Mai : tu devais me parler là du scénario ou du casting.

Je te retrouve, positive. Tu l'étais, ce jour-là.

Le tournage a commencé début juin.

Fifille battue.

C'est dit ou du moins écrit clairement.

Je n'ai pas compris.

La nuit, j'imagine la scène qui n'a pas eu lieu et où, ce matin-là, seule avec toi dans la caravane, je te parle. Où je comprends. Où je t'aide à te sauver de ton meurtrier.

Mais la réalité est là. Terrible à accepter.

Une mère peut aimer profondément et pourtant ne pas comprendre ce que sa fille lui écrit si clairement.

Je cherche à mettre mon incompréhension au compte des lourdes responsabilités que représente un film pour un metteur en scène.

De mon incapacité à imaginer que ma fille soit battue.

Je lis partout que ce phénomène d'incompréhension est habituel. Toujours les gens s'étonnent :

« Un meurtrier ? Lui ? Il avait l'air si gentil ! »

Mais moi je suis ta mère, et le lien qui me relie à toi et à Vincent me paraissait si puissant...

Tu avais seize ans. Tu étais à Rome avec Jean-Louis. Vous tourniez dans un très beau film d'Etorre Scolla, *La Terrasse*. Toi, tu ne faisais que traverser cette terrasse avec ta jeunesse étincelante, au milieu de quadragénaires désillusionnés.

J'étais à Paris pour la préparation d'un autre film.

Un après-midi particulièrement chaud, allongée sur mon lit, j'ai laissé tomber cahier et crayon, et me suis endormie d'un sommeil lourd, ce qui m'arrive rarement quand il fait jour. Je me suis réveillée en plein sale rêve. Tu avais besoin de moi. Tu m'appelais. J'ai aussitôt téléphoné à votre hôtel.

Jean-Louis tournait, mais tu étais là, dans ta chambre. Je t'ai demandé, anxieuse :

– Ça va, ma chérie ?

– Mais oui, maman.

– Tu es sûre ?

– Évidemment, j'en suis sûre !

– Mais tu n'as pas ta voix.

– Je dormais.

– Ah bon : c'est marrant, moi aussi. J'ai fait un cauchemar. Tu avais besoin de moi… C'est pour ça, tu comprends.

– Oui. Ne t'en fais pas. Ça va.

Un an plus tard, nous étions à La Nouvelle-Orléans où avait lieu un festival de cinéma. Un matin, après avoir pris pour rire le fameux tramway nommé « Désir », nous étions sur un bateau faussement d'époque, à grande roue à aubes. Depuis le pont nous regardions le Mississippi en chantant faux *Old man river*, quand soudain tu m'as rappelé ce coup de fil à Rome.

– Tu te souviens ?

– Oui, bien sûr. Pourquoi ? Ça n'allait pas, ce jour-là ?

– Ça allait très bien, au contraire. Je venais de faire l'amour pour la première fois quand le téléphone a sonné !

J'ai alors repensé à tout ce que je t'avais dit ! Je t'avais dérangée à l'instant pile où j'aurais dû ne pas exister ! Je t'ai demandé pardon. Tu as ri. J'ai ri avec toi. Je n'ai pas résisté longtemps :

– C'était qui ?

– Un tennisman. Cela faisait pas mal de jours que nous échangions des regards de plus en plus longs. Ce matin-là, je ne tournais pas. Papa, oui. Je lui ai dit que j'avais mal à la tête et que je restais à l'hôtel.

– C'est terrible, de t'avoir encombrée ce jour-là.

– Non. À la réflexion, ça m'a plu…

C'était gentil de dire ça. Cette histoire d'appel m'a fait croire que toujours je saurais si toi ou ton frère vous aviez besoin de moi.

Ma fifille adorée, cette nuit-là tu as eu besoin de moi ; même si tu ne m'as pas appelée, j'aurais dû le sentir.

Je dormais pendant que ton meurtrier te tuait à coups de poing d'une violence que

Delajoux, le chirurgien, a comparée à la force d'une moto projetée à deux cents kilomètres à l'heure contre un mur.

Après le premier coup, ton meurtrier ne s'est pas arrêté. Tu as dû hurler. Il t'en a balancé un autre, et encore un autre.

Il voulait t'effacer.

Son moteur à lui, c'était l'envie de toi, de ta vitalité. Son but, l'appropriation. Ta vitalité l'a mis en face de son propre manque. Tu étais la victime qu'il lui fallait. Tu sais si bien consoler. Donner. Et, pour lui qui a souvent tenté de se suicider, t'agresser était un moyen d'éviter la peine, la douleur.

Le livre de Marie-France Hirigoyen, *Le Harcèlement moral*, m'aide beaucoup dans cette compréhension-là. Le processus est toujours le même et je retrouve ta si triste histoire dans beaucoup de pages. Ton meurtrier a été attiré par ton formidable amour de la vie. Il a tenté de le prendre pour lui. Incapable de le développer – c'est aussi chose courante –, afin d'être seul maître à bord, il a cherché et trouvé tes points vulnérables : ta famille, ton métier.

Il nous a dénigrés.

Il a dévalué ton travail. Ton milieu.

Si une des femmes que ton meurtrier a envoyées à l'hôpital avant de te connaître avait porté plainte, il aurait été soigné.

Peut-être cette horreur, ta mort, mon innocente, n'aurait-elle pas eu lieu.

Innocente. Tu t'appelles aussi Innocente.

Ton meurtrier a su te communiquer sa propre dépression. Je te voyais pas comme d'habitude. Tu étais préoccupée. Je prenais pour de la lassitude ce qui était une dépression. Je comprends aujourd'hui seulement ta hantise des scènes d'amour. Je me souviens du jour où, dans le camion des costumes, je trouvai avec toi un jupon qui t'a plu. Puis j'ai sorti de son portant une ravissante chemise de batiste brodée à fines bretelles. Pas transparente, la chemise. Le genre dont tu raffolais. Celle prévue par la costumière. Tu m'as pourtant dit qu'elle ne te plaisait pas. Tu as trouvé une blouse à manches longues. Moins jolie.

Aujourd'hui, je me demande : peut-être avais-tu des marques, des bleus, des meurtrissures à cacher ?

Quand j'y repense, c'était toujours en l'absence de ton meurtrier que tu redevenais ma fifille.

Dans une séquence, Colette souffre des infidélités de Willy, et je t'explique qu'elle court dans ses bras parce qu'il est son seul refuge. Moqueuse, tu as lancé à l'équipe en me désignant :

– Celle-là ! Elle n'oublie rien ! Même mes trucs de gosse !

…Tu avais cinq ans. J'ai oublié la bêtise que tu avais faite, mais je me souviens de t'avoir grondée. Ça ne m'était jamais arrivé. Tu m'as regardée, si surprise, et tu as couru te réfugier dans mes bras. Bouleversée, je t'ai demandé pardon. Avec toi, plus jamais je n'ai élevé la voix. Je t'avais raconté tout ça beaucoup plus tard, quand tu étais devenue grande…

Tu as fait quelques mètres pour rejoindre le ponton d'où Colette devait partir. Tu t'es retournée vers moi, souriante, et tu as avancé tes lèvres pour m'adresser un baiser de loin.

Ma si précieuse chérie, plus jamais ces moments de complicité tendre…

Après le tournage, au moment du pot, tu as disparu avec ton meurtrier arrivé en fin de journée.

Tu avais vécu ta dernière journée de tournage.

Ta dernière journée de bonheur.

Ta dernière journée tout court.

Tu es partie vers ta caravane pour te démaquiller, ôter perruque et corset, passer ton jean.

Tu ignorais – et moi aussi, bien sûr – que durant la dernière heure de notre travail, ton meurtrier avait lu un message de Samuel, sur ton portable, te parlant de la promotion du film que vous deviez faire ensemble.

Demande normale, suivie d'une gentille signature : « Je t'embrasse, ma petite Janis. »

Puisque dans son film tu interprètes une fausse « Janis Joplin ».

Mais cette signature-là avait rendu fou ton meurtrier. Possession. Jalousie morbide. Il voulait que tu n'aies plus aucun rapport avec ton mari, auquel il avait passé un premier coup de fil d'insultes.

Sur la pelouse, le couvert était dressé sur une grande table de bois. Nous avions commencé sans toi. J'allais toutes les dix minutes te guetter sur le bord de la route. Quand enfin vous êtes arrivés, je me suis exclamée : « Où étais-tu passée, Marie ? Tu disparais le soir où on fait enfin un pot ! Ce n'est pas gentil ! » À mesure que vous vous approchiez de moi, je discernais ton regard assombri. Tu t'es excusée, très brève, et tu as vite rejoint l'équipe. Ton meurtrier a marmonné je ne sais plus quoi.

Un peu plus tard, je bavardais avec Lambert et t'ai vue discutant – ç'avait l'air âpre — avec ton meurtrier, à l'écart, sur un muret.

Un moment plus tard, je parlais avec Claude, le chef électro, je t'ai regardée : tu n'avais pas bougé. La discussion se poursuivait.

Cela faisait plus d'une demi-heure. Je suis allée vers vous.

À peine vous ai-je rejoins que tu es partie.

Étonnée, j'ai demandé à ton meurtrier ce qui se passait. Il m'a répondu en s'étirant :

— Rien. Des problèmes d'organisation de vie avec les enfants.

Je me suis souvenue d'une phrase si belle de toi, dans une interview. Tu avais dit :

« J'ai eu un enfant. Puis deux. Puis trois. Comment j'allais faire pour leur donner ce qu'il fallait ? Au quatrième, j'avais compris. Mon cœur grandissait à chaque enfant. Grandissait avec eux. »

J'ai dit à ton meurtrier que tu avais toujours bien su organiser la vie avec un, puis deux, puis trois, puis quatre enfants. Tu avais déjà ouvert tes bras et donné ta tendresse à son fils.

Je me souviens aussi du jour où, à Paris, pendant que nous nous parlions au téléphone, j'avais entendu les balbutiements reconnaissables d'un tout petit bébé. C'était sa fille à qui tu donnais le biberon.

Ton meurtrier a hoché la tête, faisant semblant d'être d'accord avec moi.

Je suis allée te retrouver auprès de la grande table. Tu portais un joli pull rayé de Missoni. Je t'ai demandé qui t'avait offert ce truc ravissant. Tu m'as dit :

– C'est moi.

Je ne savais pas que c'était la dernière fois que tu me répondais.

Aveugle et sourde, je n'ai pas su te prêter attention, mon amour. Pas assez.

Je ne te voyais qu'aux heures de travail, ce qui était inhabituel. Sur les autres films on mangeait souvent ensemble, on se parlait beaucoup. Tu avais l'habitude de déjeuner à la cantine avec les techniciens, les ouvriers, les acteurs.

Sur ce film-là, tu as toujours déjeuné seule avec ton meurtrier, soit dans ta caravane, soit à la cantine quand elle était désertée. J'en étais un peu triste, frustrée, mais je pensais : « C'est qu'elle le veut comme ça. »

Pas une seule fois tu n'as dîné avec moi ou Vincent. C'était contraire à nos habitudes.

Un soir, ton meurtrier et toi êtes arrivés dans le restaurant où nous soupions avec l'équipe. Vous êtes venus à notre table et vous vous êtes assis exactement à l'autre bout, le plus loin possible de moi. Nos regards se sont croisés. Bizarres. Tu me connaissais par cœur et ne pouvais ignorer mon envie d'être auprès de toi. Pourtant, je n'ai pas bougé.

Ton regard énigmatique.

Il était fort, ton meurtrier, dans son emprise sur toi.

Je ne te voyais donc qu'au tournage et, à ces moments-là, c'est Colette que je voyais.

Il arrivait que j'aie des instants de liberté ;
je te cherchais. Tu étais dans ta caravane
avec ton meurtrier. Nous étions trois et nos
conversations étaient banales. Je repartais,
vaguement déçue, mais j'ai toujours respecté
ta vie privée comme celle de ton frère. Prête
à vous aider si vous m'appeliez. Sinon, je
m'appliquais à me faire la plus légère possible. Parfois, tout de même, je te demandais, et cette demande même était singu-
lière, je m'en rends compte aujourd'hui :

– Tu es heureuse avec lui ?

– Oui, maman.

Maintenant, je sais que tu mentais. Ce
n'était pas un bel amour clair. Ou ça n'a pas
dû l'être longtemps. Tu n'étais plus ma
rayonnante. Quelque chose d'obscur, que je
sentais sans pouvoir le nommer, était tombé
sur toi comme le voile noir des veuves.

Le matin, quand tu arrivais très lasse,
souvent l'air triste, je mettais ta mauvaise
mine sur le compte de ce film pas facile pour
toi. Tu es presque de tous les plans. Pourtant, c'est au tournage, en faisant ton métier,

que tu renaissais, comme une plante qu'on arrose. Excepté en cas de scènes d'amour.

Aujourd'hui, je revis chaque jour de ce travail ensemble et te vois sous un autre angle. À présent que je sais que ton meurtrier était capable du pire. Qu'il paralysait tes défenses habituelles.

On m'a dit qu'il avait déjà battu d'autres femmes avant toi.

Les policiers en ont retrouvé une à Bordeaux. Elle a dit que lorsqu'il s'énervait, ton meurtrier retournait sa rage contre lui en se tapant la tête contre les murs.

Sa femme qui, bouleversée le soir de son arrivée à Vilnius, a parlé librement à Agnès et à Roman, a tout nié, le lendemain, après avoir vu l'avocat de ton meurtrier.

Récidiviste, il risquerait le maximum.

Ce métier, le mien, exige beaucoup de force. De santé.

Mon idée fixe était de tenir le coup durant le tournage de ces deux films sur Colette.

Pour toi, je les voulais magnifiques. Je réservais mon énergie à mon travail. Je ne voyais pas ma fille. Je voyais « notre » Colette. Je cherchais à rendre au mieux cette vision d'un écrivain dont la liberté nous avait tant séduites.

Durant l'écriture, avec passion, nous cherchions à percer son mystère. Notre travail était différent de celui sur *Victoire*. Nous ne nous appuyions pas sur un livre, mais sur la vie d'une vraie personne. Nous avions lu une vingtaine de biographies chacune. Pris des notes. Un travail de deux années. Parfois interrompu parce que tu tournais ou jouais, mais, même dans ces moments-là, nous correspondions par ordinateur. Tu adorais écrire. Tu étais heureuse, le matin, en débarquant à la maison à huit heures et demie, après avoir déposé un ou deux enfants à l'école. Nous nous jetions avec la même passion dans les scénarios en cours d'écriture.

Nous nous lisions parfois à voix haute quelques-unes des plus belles phrases de Colette. Colette écrivain, mime, danseuse, journaliste… Elle avalait la vie avec volupté, gourmandise… Mais toujours ce regard mélancolique : un mystère.

Tu es toi aussi une femme mystérieuse.

Je n'ai pas voulu fouiller en toi pour trouver ce que tu avais décidé de me cacher.

Je n'ai pas vu.

Pas compris.

Je m'en veux tellement aujourd'hui !

Je sais que ton meurtrier était maladivement jaloux. Jaloux de Samuel, ton mari, que tu avais pourtant quitté pour lui. Jaloux – à présent je l'ai compris – de tous ceux que tu aimais : tes enfants, ton frère, ton père, moi, Alain, ton métier. Ton passé, aussi.

Aujourd'hui, je sais que votre dispute a duré une heure, qu'il a levé un poing mortel sur toi. En plein visage. J'imagine ta peur. Puis un autre, encore et encore. Tes cris ne l'ont pas arrêté. Même quand tu es tombée en plein coma. Sur tes mollets, sur tes bras un peu enflés, j'ai vu des traces bleuâtres. Il t'a donc tirée par terre. En agrippant tes longs cheveux. Sinon, d'où viendraient ces traces ?

Il t'a déshabillée. Ton inertie lui a révélé que tu étais dans le coma. T'emmener immédiatement à l'hôpital était l'unique chance de te sauver. Une heure après, l'ecchymose dans le cerveau enflait, empêchant le sang de circuler. Non, ton meurtrier n'a pas appelé d'ambulance. Il t'a traînée jusque dans le lit, sous une couette. De côté, pour ne pas laisser voir le profil saccagé. A mis un linge humide sur ton visage, camouflant ce qu'il avait fait de toi.

Et il a téléphoné. Durant quatre heures environ.

À Samuel. Durant cinquante-cinq minutes.

Aux musiciens de son groupe. Peut-être était-il déjà à la recherche d'un avocat ?

À sa femme.

C'est elle qui, en débarquant à Vilnius, le dimanche soir, a raconté à Agnès qu'il l'avait souvent battue. À Roman aussi, avec des détails : la fois où, étourdie de coups, ton meurtrier l'avait laissée au sol, hébétée de douleur. Elle ne se souvenait plus que d'un seul numéro : celui de la manager de son mari qui, écœurée par tant de violence, plaqua son client ce jour-là.

Aujourd'hui, personne n'a jamais rien vu, jamais rien su.

Il y a beaucoup d'argent en jeu pour les uns, la peur d'être dérangé dans leur vie pour d'autres, la peur tout court, peut-être, pour certaines femmes. Peut-être l'une d'elles, au souvenir de ces violences passées, va-t-elle se réveiller et viendra témoigner à la barre ? Une femme ou un homme qui aura soif de justice ?

Je suis convaincue que ton meurtrier t'a battue avant ce sale samedi.

Oh, pardon, ma fifille battue.

Je n'ai pas compris.

Je le hais.

Un soir, Vladimir Yordanof qui occupait à ce moment-là l'appartement au-dessus de chez vous, a entendu des cris qui l'ont sorti du sommeil. Il allait descendre quand les cris se sont arrêtés. Le lendemain, c'est toi qui lui as dit dans la caravane de maquillage :

– J'espère qu'on ne t'a pas empêché de dormir ?

– Si, et j'ai failli venir, parce que ces cris n'étaient pas de joie. Loin de là !

Tu es restée une minute silencieuse, énigmatique, puis tu as dit que ton meurtrier avait eu un problème, mais que c'était maintenant arrangé.

Rien n'était arrangeable, mais ça, tu l'ignorais.

Je ne connaissais pas ce sentiment : la haine. Je l'ai découvert à l'instant où j'ai vu Vincent sangloter, devant l'hôpital, à l'instant où j'ai compris que c'était grave.

Elle a grandi en te découvrant dans ton coma profond. Elle ne cesse de grandir.

Je lis que les musiciens de ton meurtrier ont osé donner une conférence de presse pour *soutenir* leur copain. Comme j'aimerais pouvoir te soutenir encore, mon amour ! Ils ont eu l'indécence de déclarer que la violence en scène de ton meurtrier *s'était retournée contre lui.*

Il t'a tuée, toi.

Et ils osent dire : « contre lui » !

Tu avais réussi à garder entre toi et Richard, toi et François, toi et Samuel, une tendresse vraie. Profonde.

Semblable à celle qui m'unit à ton père.

On se ressemble souvent, toutes les deux. Cela nous faisait rire.

Aujourd'hui, ton meurtrier dit que « le clan Trintignant » l'avait refusé.

Avant le tournage, un soir, à Paris, tu m'as demandé de faire un dîner de famille avec lui. J'ai pensé à Samuel : je trouvais que tu allais trop vite, mais je n'ai jamais su te dire non. À table, il y avait Jean-Louis (sans Mariane, pas à Paris ce soir-là), Vincent, Nathalie, Alain et moi. Tu es arrivée avec ton meurtrier. Il a joué le personnage sympathique, soi-disant ouvert à la misère du monde. Comme il a su cacher sa sauvagerie, sa violence !

Avant de te tuer, ton meurtrier a tenté de te démolir à force de harcèlement moral.

Ce personnage grand et costaud, parlant de la paix, insultant à la télévision les grands patrons (avec qui il continuait de respecter ses contrats), était médiatique. Un manipulateur. Il a beau crier son désespoir, le fait est là : il t'a tuée.

À Vilnius, je n'ai rien vu, ma fille chérie, de ton trouble, de tes peurs. Je n'ai pas compris tes appels muets, pas su décoder ton texto, devenu aujourd'hui si évident.

Ô ma silencieuse qui ne se racontait que par des moyens si détournés que je ne pouvais les déchiffrer ! Comment imaginer que toi, tu n'aies pas fiché le camp quand un homme levait la main sur toi ? Impossible. C'était impossible pour moi de l'imaginer.

Désormais, je comprends tes incertitudes, tes silences, cette ombre nouvelle qui planait sur toi.

Accepter de se soumettre ne se fait qu'au prix d'une grande tension intérieure. Cette tension-là est génératrice de stress. Cernée par ton meurtrier, tu ne pouvais pas me parler. Ni à moi ni à personne. Seule. Tu étais seule.

Je pense que ce soir-là, devant son insistance pour que tu rompes les ponts de l'amitié avec Samuel, peut-être même pour que votre vie ne soit pas dépendante de celle des enfants (c'est bien ce qu'il avait sous-entendu à l'apéritif), tu lui as pour la première fois tenu tête. Tu as dû dire « Non ».

Samuel était resté ton ami. Tes enfants, tu as toujours vécu avec et pour eux. À cela personne ne pouvait rien changer.

Voyant que tu lui échappais, furieux, pris de panique, ton meurtrier s'est déchaîné.

Tu as compris trop tard qui il était.

Cette sorte d'homme ne cherche pas les soumises, mais les femmes libres et indépendantes, pour mieux les écraser. Les humilier. Dominer à tout prix.

Dans le journal *Elle*, Valérie Toranian résume admirablement ce qui t'est arrivé. Et pas seulement à toi, ma si douce fille. À beaucoup de femmes hier, aujourd'hui – et, si on n'y prend garde, demain. Elle écrit ceci :

> *« De quelle passion parle-t-on ?... de quels gestes d'amour s'agit-il ? Je cogne ton visage, je démolis ta chair, je fais jaillir ton sang... Marie Trintignant n'est pas morte victime de l'amour et de la passion. C'est un habillage insupportable de la réalité, comme si le crime trouvait là son expression sublime ; pire,*

comme si la passion l'anoblissait, le légi-
timait. Le drame de Vilnius n'est pas un
"gâchis", pas plus qu'un nouvel épisode de
la malédiction des stars. Ce n'est pas de la
passion, c'est de la pulsion de mort. C'est
une femme rouée de coups parce qu'un
homme aux prises avec ses propres
démons ne peut résoudre son tourment
que dans la violence. Un atroce fait
divers. Un crime… Pour toutes celles qui,
comme Marie, en sont mortes, cette célé-
bration du crime sur l'autel de l'amour
est intolérable. La passion n'a rien à voir
avec ce scénario sordide. Elle ne doit pas
être prise en otage et servir d'alibi à ce
qui n'est qu'une violence injustifiable. Pas
de brevet d'amour pour les cogneurs.
L'amour transcende et bouleverse la vie.
L'amour peut briser les cœurs. Pas les
corps. L'amour reste ce que nous avons de
meilleur à proposer. Pas le pire. »

Cet édito, que je me suis permis d'écour-
ter, m'a fait du bien, tout comme l'article de

Gisèle Halimi dans *Le Monde*. Ces femmes-là sont au centre de la vérité.

Tu me disais que tu allais désormais moins travailler pour t'occuper encore plus de tes fils. Je n'ai pas réagi. Pourtant, mille fois nous nous étions dit que nous pouvions tout à la fois travailler et être présente pour les enfants. Quand je tournais avec toi à Paris, je savais quand il était quatre heures et demie, l'heure de la sortie de l'école… Et, de fait, un ou deux enfants se pointaient, silencieux, respectueux de ton travail, toujours aimés des équipes.

Sur *Colette* il y a eu Roman, puisqu'il joue dedans.

Les autres sont venus une seule fois, durant la séquence censée se dérouler à Verdun.

Ils devaient venir tout juillet. Ils ne sont restés qu'une dizaine de jours. Pas dans tes habitudes. Tes petits, tu ne pouvais vivre sans. Ils te vouent tous une admiration sans bornes. Tu as été le pilier de leur vie. Leur soleil. Comme ils vont avoir froid ! Je ferai tout pour leur être présente. Déjà, ils m'ont tous fait sentir combien, pour eux, je suis un morceau de toi.

Jamais ton meurtrier n'aurait réussi à ce que ce soit lui, et seulement lui, le centre de ta vie. Il aurait perdu. Je le sais. Tu étais trop mère pour qu'il remporte cette bataille-là. Tes enfants ont toujours occupé la première place dans ton cœur.

Non. L'idée de travailler moins ne pouvait pas venir de toi, cela ne te ressemble pas, mais cela, je le pense seulement aujourd'hui.

Il y a tant de choses que je revis différemment. Que je comprends trop tard. Un jour, je réécrivais une scène sur un coin de table à l'heure de la pause-déjeuner. Tu es venue et tu m'as dit :

— Je ne veux pas te déranger dans ton travail.

Et moi, au lieu de lever les yeux sur toi, au lieu de te demander ce que tu voulais me dire, je suis restée penchée sur ma page et, comme on avait écrit ensemble les scénarios, je t'ai répondu :

– Non, bien sûr, aide-moi plutôt à réécrire cette scène.

Tu t'es assise à mes côtés, sans insister, et nous avons travaillé ensemble sur la table de bois, entourées de bouleaux. Et après...

Après, la pause était finie, nous sommes allées sur le plateau, et je ne saurai jamais ce que tu voulais me dire, ce jour-là, qui aurait pu me déranger dans mon travail. Ou plutôt si, je le sais. Je pense que c'était :

« Ça ne va pas. »

Ou : « Il me bat. »

Mais serais-tu allée au bout de cette petite phrase que la grande majorité des femmes battues n'osent pas prononcer ? Par honte, d'abord ; par peur des représailles, ensuite.

Ton meurtrier t'isolait. Il est venu avec toi durant les tournées de *Comédie sur un quai de gare* et des *Lettres à Lou* où tu jouais avec Jean-Louis. Il te privait des tête-à-tête que je te savais aimer avec ton père qui, lui aussi, de son côté, en a souffert. Mais, comme moi, il a pensé que tu vivais le début d'une histoire et que celle-là était plus exclusive que les autres.

Richard, quand il vivait avec toi, riait quand il parlait de ta complicité avec ton père.

François la respectait. La comprenait.

Avec sa tendresse, son humour, son talent, Samuel en a fait sa première pièce de théâtre. Vous l'avez jouée et c'était comme un chant d'amour.

Là, je voyais que tu étais tendue. Je n'ai pensé qu'à la fatigue.

Je n'ai pas compris.

On peut adorer sa fille, partager l'amour, le travail, le rire et même des confidences de femmes avec elle, et ignorer tout un pan de sa personnalité.

Une amie à toi, libre comme toi, douce comme toi, a vécu trois ans avec un homme qui la battait. Hier, sentant mon incompréhension totale à la seule idée que tu aies pu, toi, accepter des coups, Lio est venue me voir à la salle de montage pour m'expliquer ce qu'elle nomme « le processus ». Toujours le même, paraît-il chez les cogneurs.

D'abord leurs élues sont des reines, celles qu'ils attendaient depuis toujours. Un jour, « la première baffe » arrive. Ils sont – ou du moins font semblant d'être – aussi surpris que leur victime. Demandent pardon, pleurent. Durant trois ou quatre jours, l'entourent d'amour, de prévenances.

Petit à petit, patients comme des bêtes guettant leur proie, ils mettent les femmes dans un état de dépendance psychique. Elles ont honte d'abord. Se sentent coupables d'être battues. Ont peur, ensuite. Peur des représailles.

Le piège dans lequel elles tombent, dans lequel tu es tombée, c'est de croire que tu allais changer ton meurtrier. On ne change personne.

Ma tolérante chérie, je n'ai pas compris, moi non plus. Ton meurtrier te disait que notre milieu était superficiel, ce que tu as répété à Lio qui en est tombée des nues. Le cinéma et le théâtre étaient profondément ancrés dans ta vie depuis l'enfance. De quoi parlais-tu soudain ?

Cent fois j'ai dit à Vincent que tu n'étais plus la même. Nous n'en étions pas à notre premier film, toi et moi. Cinq pour le cinéma, autant pour la télévision. Sans jamais avoir eu de problèmes.

Non, tu n'étais pas la même. Tu avais perdu ta joie de vivre.

Vincent me disait avec douceur que c'était passager.

Tu m'as parlé un jour de ton nouveau projet : vendre la Bergerie, la maison de Flaux, tout près d'Uzès, là où Jean-Louis vit avec Mariane. C'est aussi pour cette proximité que tu avais choisi cette maison que tu adorais. Je t'ai dit que tu ne pouvais pas faire cette peine à ton père, et que, de plus, tu en avais fait la donation à tes deux aînés. Tu as acquiescé. Aujourd'hui, je comprends, ton meurtrier te voulait sans père, sans mère, sans amis.

Ce samedi-là, tu as dû redevenir toi-même.

Le temps d'un cauchemar.

Ton meurtrier a senti que tu lui échappais.

Il t'a tuée.

L'opération est finie.

Le long corridor de l'hôpital me fait penser au couloir de la mort avec, au bout, la chaise électrique.

Le regard intelligent, profond du chirurgien. Ruta traduit, puisqu'elle est lituanienne. Les mots nous submergent, Vincent, Roman et moi, comme des vagues d'une hauteur hallucinante : étant donné l'extrême gravité de ton état à ton arrivée à l'hôpital… Il aurait fallu une intervention immédiate.

Il était plus de cinq heures quand le meurtrier a prévenu Vincent que le tournage du lundi était « compromis » !

Vous vous étiez disputés, a-t-il poursuivi, et tu avais un bleu au visage !

Un bleu au visage…

Coma profond. Le chirurgien se montre à la fois patient, honnête et pessimiste.

Nous l'écoutons tous trois dans les battements affolés de nos cœurs.

Nous avons cessé de comprendre…

Cinq heures et demie. C'est Ruta qui a répondu au téléphone. Elle a dit que Vincent dormait.

Ton meurtrier a dit que ce n'était pas grave. Tant pis.

« Il se réveille », a alors menti Ruta qui trouvait bizarre ce coup de fil à l'aube.

Elle s'est chargée de le faire. Ton meurtrier a dit à Vincent que vous vous étiez un peu bagarrés. Ton frère s'est précipité aussitôt jusqu'à votre appartement. Ton meurtrier avait laissé la chambre dans la pénombre. Il t'avait couchée, la couette jusqu'au menton ; un linge humide sur le visage. Il a vite entraîné Vincent au salon sous prétexte que tu ne serais pas contente si on te réveillait ! Dans le salon, il a étourdi ton frère de paroles. Lui a raconté vos problèmes, lui qui ne disait presque jamais rien.

Il y a eu un moment où, sans trop analyser pourquoi, Vincent est allé dans la chambre, il a allumé, a ôté le linge de ton visage. La peur, l'horreur l'ont envahi. Malgré les protestations du meurtrier qui ne voulait surtout alerter personne, il est descendu à la réception, a réclamé d'urgence une ambulance. Pendant qu'il questionnait la réceptionniste pour savoir quel était le meilleur hôpital de la ville, ton meurtrier cherchait à acheter un paquet de cigarettes.

Dans la grande pièce blanche, tu étais cernée par les appareils qui te faisaient vivre, ton profil droit enflé, tuméfié, des traces mauves autour de l'œil et sur ta joue. Deux jours plus tard, du mauve est apparu aussi sur l'œil gauche.

Je te regardais et me sentais glisser dans un monde inconnu. Un monde nu, indifférent. Je ne me suis pas évanouie. Je me sentais dériver vers cet unique refuge : la folie, peut-être ? Je n'avais qu'à me laisser aller. Là-bas, ce cauchemar-là ne serait plus. Un *no man's land* de rien. J'ai senti que je n'étais pas seule. Une force m'a ramenée à Vincent. J'ai croisé son regard. C'était celui d'un enfant perdu. Il t'aime tant, depuis toujours. Je ne suis pas passée de l'autre côté, dans le néant. Je me suis accroupie auprès de toi. Dans toute cette stupeur, de toi irradiait, intouchable, intouchée, ta vraie beauté. Celle que recèlent certains êtres. Ta grâce éternelle. Sur ta tête, on avait enroulé un bandeau noué sous le cou. Un tuyau transparent prenait le relais quand ta respiration se faisait irrégulière. Sur des ordinateurs auxquels tu étais reliée par un faisceau de tuyaux, des chiffres mystérieux augmentaient, diminuaient. Je prononçais ton nom. Des mots d'amour aussi, surtout je te demandais de revenir.

La première nuit, Ruta est venue prendre le relais. Épuisé, Vincent dormait dans la pièce étroite des chirurgiens, mise à notre disposition. Il était allongé sur un des canapés jaunes. Sa douleur se lisait dans sa position. Même dans le sommeil, elle ne nous quitte pas. Impossible de dormir. Je suis vite retournée jusqu'à toi. Ruta a rejoint ton frère. Moi, je pensais que je pouvais peut-être encore projeter ma force en toi. Peut-être que tu m'entendrais…

Autour de ton cou il y avait des marques de strangulation. Vincent, Roman et moi avons mis trois jours à nous en parler. Chacun remontait le drap sur ton menton dans le dérisoire espoir d'au moins épargner ça aux deux autres. La haine était entrée aux tréfonds de nos entrailles.

Ma frêle petite fille. Quand je cherchais une robe pour toi, je prenais du 36, et parfois c'était trop grand. Une fois, je t'ai trouvé une marinière au rayon garçon douze ans. Ça t'a fait rire…

Je me remémorais la naissance de tes fils. Roman, ton aîné.

Je tournais à Blois avec Ugo Tognazzi et Marlène Jobert quand on m'a glissé un papier sous le nez : « *Marie a les premières contractions. Elle est rentrée à l'hôpital.* »

Je flottais. J'ai eu du mal à finir ma journée de travail.

C'est Christine Furlan, adorable, qui m'a emmenée à Paris sitôt après le tournage. Quand je t'ai vue dans la salle de travail, un peu pâle, dans la blouse en grosse toile écrue des hôpitaux, il m'a semblé que tu avais cinq ans. Tu étais calme, souriante. Tu ne sentais aucune contraction. C'est le miracle des péridurales.

J'ai entraîné dans le couloir Émile Papiernik, ton gynécologue, pour lui faire part de ma peur.

— Tu as vu, Émile ?

— Quoi ?

— Elle ne peut pas accoucher.

— Pourquoi ?

— Elle est trop petite.

Il a ri et m'a dit :

— C'est l'amour qui te fait dire ça. Elle va l'avoir son bébé, mais il faut qu'elle pousse, sinon c'est la césarienne.

Dans le couloir, Alain et Vincent me souriaient pour me rassurer.

Richard était auprès de toi dans la salle de travail. Très ému.

Tu as ri de ma pâleur et, taquine, tu as dit à Papiernik qu'il fallait faire quelque chose pour moi.

Je t'ai répété ce qu'il venait de me dire.

Tu as dit :

– D'accord, dites-moi quand pousser.

Papiernick t'a ordonné :

– Là. Maintenant.

Tu as poussé. Avec force. D'un coup, tu es devenue rouge, et on a vu apparaître les veines bleues de ton cou. Ma petite enfant devenait paysanne du Danube.

Les cheveux de Roman sont apparus. Ma peur a disparu. J'étais apaisée. De tout. Je t'avais portée dans mon ventre. Aujourd'hui, tu accouchais à ton tour. Comme les poupées russes. On ne meurt jamais complètement. D'autres suivent.

Ça t'a plu, le coup des poupées russes.

Quand on a déposé ton bébé sur ta poitrine, les larmes aux yeux tu as regardé Richard, bouleversée.

Dans la voiture, en rentrant, épuisée, heureuse et distraite, j'ai demandé à Vincent s'il était content d'avoir... un petit frère !

La naissance de Paul, je l'ai ratée. J'étais dans le TGV qui m'amenait vers Nîmes. Vers toi.

Les yeux rivés sur ton nouveau fils, tu m'as dit :

– Tant mieux, maman. Tu aurais passé un sale moment. Il avait le cordon enroulé autour du cou.

François ne t'avait pas quittée. C'était l'essentiel. Il avait fait installer pour lui un lit auprès du tien.

Le soir, je suis partie avec Roman qui avait sept ans. On a crevé en rase campagne. Incapable de changer un pneu, je lui ai proposé :

– On marche ?

– D'accord.

Sur la route, je le surveillais du coin de l'œil. Courageux, il semblait prêt à marcher toute la nuit. On parlait de Paul.

Nous sommes allés vers une maison en bordure de la route, où brillait une lumière qui s'est éteinte dès que j'ai eu sonné.

Il y a les égoïstes et ceux qui donnent. Nous sommes repartis. Une voiture nous a croisés et, dix minutes plus tard, est revenue vers nous. Le conducteur nous avait vus, nous, puis, quelques kilomètres plus loin, notre voiture abandonnée ; il avait rebroussé chemin pour nous aider. Il nous a déposés devant ta maison.

Roman et moi nous avons dormi dans un grand lit. Il m'a demandé si tu allais toujours l'aimer autant.

À la naissance de Léon, de nouveau à Nîmes, nous étions juste Vincent et moi.

La sage-femme a eu du mal avec la péridurale. C'était un peu tard, sans doute, pour enfoncer l'aiguille. Tes contractions étaient par trop rapprochées. Je me suis éloignée. Dans le couloir, Vincent m'a forcée à m'allonger sur un lit. Je devais avoir une sale gueule.

Après, protégée par une caméra, j'ai filmé la naissance de Léon. Au début, obéissante, je ne quittais pas ton visage. Quand le petit a commencé d'apparaître, ton gynéco m'a suppliée de filmer la venue au monde. Tu as dit d'accord. Léon peut donc se voir naître.

Dans ta chambre, tu serrais ton troisième fils contre toi, heureuse. Vincent est parti t'acheter des fruits. En le regardant s'éloigner, tu m'as dit :

– C'est fou ce que Vincent peut me rassurer.

– Pas moi ?

Tu as ri :

– Si tu crois que je ne vois pas ta trouille !

Tu m'as demandé d'appeler Samuel. Ce que j'ai fait :

78

– Samuel ? C'est un garçon ! Comme d'habitude ! Je te passe Marie.

Pour Jules il y avait foule. Dans le couloir : Alain, Vincent et Charles, le papa de Samuel. Auprès de toi, Samuel, Michèle, sa mère et moi. Pour nous trois, ce fut magnifique. Cette fois, je n'ai pas eu peur. Je te sentais sereine.

Samuel flottait au septième ciel avec toi en contemplant votre fils.

Ma fifille, tes quatre accouchements ont été quatre des heureux moments forts de ma vie.

À Vilnius, Ruta a obtenu qu'on ne te quitte pas, mais jamais plus d'un à la fois, nous avait-on dit. En fait, parfois nous sommes deux. Voire trois. Gentil, le personnel de l'hôpital comprend et nous laisse faire.

Durant cinq jours et cinq nuits, sans cesse je te demande, te supplie d'être la plus forte. De revenir.

Trop tard. Tu ne devais pas m'entendre.

Il aurait fallu tout de suite te porter secours.

Des cris. Surtout ceux d'un homme.

Quelqu'un de l'hôtel a frappé à votre porte.

Ton meurtrier a ouvert et l'a rassuré : ils n'entendraient plus rien, les clients de l'hôtel. C'était fini.

Il était alors une heure du matin.

Tu étais tombée dans un coma profond.

S'il t'avait conduite à cet instant à l'hôpital, tu serais peut-être là aujourd'hui. Combien de temps d'une peur atroce, Marie chérie ? As-tu vu l'imminence de la mort ? Le temps de penser que non, qu'il ne fallait pas mourir ? Tes petits, tes quatre fidèles fils. Ton père. Moi à qui tu avais promis, après la mort de ta sœur, de vivre longtemps. Ton frère. Tu m'as raconté un jour qu'en Polynésie, au bord d'un lagon, vous aviez parlé durant toute une nuit. Que jamais tu ne

t'étais sentie aussi proche d'un être humain.
Vincent et toi... c'était ce même amour qui
m'unissait à Christian et à Serge, mes deux
frères aînés. Christian est parti. Serge est là.
Fidèle. Tendre. Discret.

Coma profond... Mots inadmissibles.
Durant six jours et six nuits je te supplie de
revenir, de prendre mes forces, de les faire
tiennes. Je t'embrasse la bouche, les seins
pour effacer les marques de ton meurtrier. Je
mets ta main sur la mienne. Je replie avec
soin chacun de tes doigts passifs autour des
miens afin d'avoir l'illusion que nous sommes deux à lutter. Je ne cesse jamais de te
parler. Je te promets de ne pas te quitter. Je
t'implore de lutter. Je répète inlassablement
les prénoms de tes quatre enfants. Tes quatre raisons de vivre. Tes « beautés », comme
tu les appelais. Tu as été, pour eux quatre,
source de vie et de bonheur.

Celle autour de qui leur vie tournait.

Celle qui, désormais, leur manquera pour toujours.

Je guette le moindre signe. Par deux fois tes paupières m'ont paru bouger. Espoir fou. Pour rien. Ça s'appelle « réflexe ». Ça n'est pas signe de retour.

Je te parle. Je me souviens de Lucie et de Marie-Josèphe. J'avais appris que dans le coma, on entendait... Mais tu es dans un coma « profond ».

Mon enfant chérie, arriverai-je un jour à y croire ? Quel rapport entre tes rires, tes chagrins avoués, tes arrivées-surprises à l'occasion desquelles la maison bien rangée devenait roulotte – sacs, enfants, nourriture pour les uns, pulls pour les autres se répandaient, envahissaient d'un coup le salon, la cuisine, la chambre du bas, tandis qu'Alain riait en déclarant que tu ne changerais jamais –, oui, quel rapport, toute cette joie, avec toi, si immobile, sur ce lit étroit, cernée d'appareils qui te font survivre...

Combien de temps ? Vincent m'a dit :

— Marie, ce n'est pas le genre « femme à appareils ».

C'est vrai. Mais ce n'est le genre de personne et, souvent, heureusement qu'ils existent ! Le premier sale matin, durant tes soins, nous sommes partis tous trois à la recherche d'une tasse de café. On se traînait dans des couloirs. La cafétéria de l'hôpital n'était pas encore ouverte. On est sortis et c'était un des matins les plus tristes de notre existence, à Vincent et à moi. Ruta nous faisait du bien. Elle ne se contentait pas de traduire. Elle organisait une vie autour de nous, dans cet hôpital. Elle aussi pleurait parfois en cachette de moi.

Dans le coffre de sa voiture, il y avait des oranges que nous avons mangées assis par terre. Roman était parti, la veille au soir, avec Jean-Marc Kerdelué, le décorateur. Quand il est revenu un peu plus tard, ce matin-là, il nous a dit qu'il avait dîné avec l'équipe française ; tous s'étaient tenus la main un long moment en pensant fort à Marie pour les uns, en priant pour les autres.

Équipe merveilleuse : ils sont tous restés à Vilnius. Près de toi. Près de nous. Ils passaient leurs journées en bas de l'hôpital et nous descendions à tour de rôle donner des nouvelles. Chaque fois, les yeux pleins de larmes, ils nous exhortaient à ne pas cesser de croire à ton réveil. Me serraient dans leurs bras tremblants. Me disaient qu'ils resteraient là jusqu'à ce que tu reviennes à toi. Tous : François, Nicolas, Éric, Claude, ceux de la photo, Harald que je connais depuis *Ça n'arrive qu'aux autres*, Laurent, Jean-Marc, Patrick, bien sûr, Agnès, ta maquilleuse. Et Anaïs, qui nous apportait à manger.

Vincent a tout pris en main. Où trouvait-il cette force ? C'est lui qui, aidé de Ruta, a organisé le rendez-vous avec les avocats lituaniens. Un, recommandé par Georges Kiejman qu'Alain, depuis son lit d'hôpital, à Paris, avait contacté ; un autre sur le conseil de Robertas, notre producteur lituanien, accouru dès la veille.

Au tribunal où Vincent devait faire sa déposition en tant que témoin, nous étions tous plongés dans un tel désarroi que nous avions l'impression de ne plus vivre nos vraies vies. J'avais peur pour Vincent qui m'a promis de rester calme et maître de lui. Il a réussi. Il a eu du cran, mon fils.

Jean-Louis est arrivé ce jour-là avec Mariane, sa femme. Raidi de désespoir, il me regardait. Dans son regard, il y avait Pauline. Il y avait : « Pas deux fois. Pas Marie. Ce n'est pas possible ! »

Tu es quarante et une années de nos vies partagées, de rires et d'amour... Le matin, quand tu étais bébé, j'allais te chercher dans ton berceau et te mettais entre nous deux dans notre lit. Plus tard, lui ou moi, parfois les deux, nous t'accompagnions à l'école. Je t'ai appris à nager. Lui, t'a enseigné le crawl. Nous te regardions grandir, émerveillés. Adolescente, tu devenais de plus en plus magique. Ensuite, nous avons partagé le travail avec toi.

Juste avant le tournage de *Colette*, tu as joué avec lui, aux Amandiers, *Les Lettres à Lou*, d'Apollinaire. Je vous avais vus dans ce spectacle, si beaux, si semblables dans votre façon de ne pas jouer. D'être, simplement. Le plus difficile à accomplir. Nous avions plein de projets communs… Comment ça se passe la vie, pour un père et une mère quand leur enfant a été battue à mort par une brute qu'elle avait prise pour un homme ?

Impuissante comme lui, comme les chirurgiens, je ne disais rien. Nous le connaissions tous deux, pour l'avoir déjà vécu, ce trou noir dans lequel on glisse interminablement.

Vincent et Roman me protégeaient. Ils avaient naturellement inversé les rôles, me guidant dans cet hôpital où je ne reconnaissais jamais rien. À présent, d'immenses Lituaniens, gardes du corps envoyés par Robertas, empêchaient les journalistes d'approcher.

Ton meurtrier a voulu être seul à être aimé par toi. T'éloigner de tes proches et même de ton métier.

Il nous souriait en nous détestant. Je n'ai rien vu.

À Samuel, alors que la vie s'échappait de toi minute après minute, il a dit au téléphone que ce film *Colette*, se faisait contre lui !

Les scènes d'amour t'angoissaient. Tu me demandais de me contenter de suggérer l'amour entre deux amants par un regard. C'était déraisonnable. Ça ne te ressemblait pas.

Jamais nous n'avions eu l'ombre d'une dissonance. Ensemble nous avons toujours travaillé en état de bonheur. Je disais à Vincent, ton frère chéri, mon assistant sur le film, que tu n'étais pas comme d'habitude, mais je n'ai rien deviné de l'effrayante jalousie de ton meurtrier qui voulait aussi effacer ton passé.

Un jour, dans une rue de Vilnius, j'ai parlé dix minutes avec lui. Tu étais au maquillage pour un raccord. Je n'étais pas méfiante : pourquoi l'aurais-je été ? Il était préoccupé. Je tentai de le rassurer sur les « séparations ». Je lui parlai de la nôtre, à Jean-Louis et à moi. Nous avions su garder intacte notre tendresse. C'était possible.

Ton meurtrier a dû me demander si tu avais déjà été amoureuse. J'ai ri. Je me souviens de ma réponse :

– J'espère ! Avoir quatre enfants sans être amoureuse, ce serait bizarre et pas mal triste, non ?

Vincent, de loin, m'a fait signe. C'était prêt. J'ai rejoint l'équipe.

Dix minutes plus tard, tu étais en face de moi. Accusatrice. Toi !

Tu t'es enquise de ce que j'avais dit à ton meurtrier.

Je t'ai regardée, surprise par ta nervosité. Je t'ai demandé si j'avais une seule fois parlé à tort et à travers avec les hommes que tu avais aimés. Tu m'as redemandé ce que je lui avais dit.

Je t'ai dit la vérité, mon amour.

Tu es restée silencieuse. Pensive. Puis tu es sortie de ton silence et m'as ordonné :

– Ne lui parle plus jamais de mon passé.

J'aurais dû alors te faire observer que si ton meurtrier n'aimait pas ton passé, c'est qu'il ne t'aimait pas, toi.

Je ne l'ai pas fait. Impossible pour moi de te dire une chose pareille.

À quarante ans, un être humain est enrichi par tout ce qu'il a vécu. Le véritable amour, c'est aimer tout de l'autre. Son passé fait partie de lui. Essayer de le couper en deux, c'est de l'appropriation, pas de l'amour. Tu n'avais pas l'air heureux, mais cela, je l'imputais à l'épuisement dû au tournage et surtout au manque de tes petits restés à Paris pour l'école et qui devaient venir passer avec toi tout le mois de juillet.

Ils sont venus. Ta tristesse ne s'est pas envolée. Agnès, qui te maquillait, t'en a parlé, un matin. Elle t'a dit que tu n'étais pas comme durant le tournage du film d'Alain, en Polynésie, où tu resplendissais de joie de vivre. Elle t'a dit : « À présent que tu as tes fils, qu'est-ce qui te tourmente ? » Tu as hoché la tête sans répondre. Dix jours plus tard, les trois plus jeunes, qui étaient venus pour un mois, sont repartis. Là, j'étais trop surprise pour ne pas te demander la cause de ce départ que toi, je le sais, tu ne pouvais pas en aucun cas souhaiter. Tu m'as dit que tu les voyais seulement une heure le soir. Et crevée. Qu'ils seraient mieux en France. En France, sans toi ? Aujourd'hui, je comprends. En Polynésie, Samuel s'occupait gaiement des enfants qui tous l'adorent. Il a élevé les deux derniers et est vite devenu le meilleur ami de Roman et de Paul.

En revanche, ton meurtrier était jaloux de l'amour profond, inaltérable que tu portais à tes enfants. Oh, ma chérie, pardonne-moi ! Je n'ai rien compris. Même à tes réactions violentes, inattendues, dès que nous tournions une scène où il fallait montrer un peu, très peu de ton corps. Pudique tu l'as toujours été, et te mettre nue devant une caméra a toujours été pour toi une souffrance. Je ne t'en demandais pas tant. Mais l'idée de laisser à peine entrevoir un sein te mettait en transes. Tu en étais malade... Peur que ton meurtrier apparaisse ? Peur du jour où il verrait le film ? Les deux scénarios, nous les avions pourtant écrits ensemble, toi et moi. Tu me disais que j'avais ajouté après coup des lignes entre les dialogues, celles qui racontent « ce qui se passe ». C'était souvent exact. Il s'agit d'un travail courant, mais ces lignes-là nous en avions longuement parlé ensemble, avant. Nous étions séduites par la liberté de Colette. Je nous revois dans mon petit bureau, au calme, ou dans ta chambre mansardée où Léon et Jules, tes deux plus jeunes fils, venaient immanquablement se coucher, silencieux. Ils préféraient se taire et être sages pourvu qu'ils te voient. Et moi, je disais pour rire :

— C'est fou, ces mômes ! Ils ne peuvent pas se passer de moi cinq minutes !

En riant, Jules hurlait :

– C'est pas vrai, Nana. C'est pour maman qu'on est là tout sages, hein Léon ?

De sa belle voix grave comme la tienne, Léon approuvait.

Nous deux, nous tâchions de nous remettre au boulot, et Paul rappliquait, l'air comme presque toujours catastrophé !

Dans les trois autres je te retrouve à tout âge, mais Paul, c'est le portrait de son père. Paul, c'est François enfant. Même visage, même air éperdu, même rapidité, même humour. La catastrophe, ce pouvait être qu'il ne retrouvait pas l'unique T-shirt que, ce jour-là, il voulait justement mettre. Têtu, bien droit, en fait c'était toi qu'il revendiquait, lui aussi. Sans le dire, bien sûr. Paul ne ment pas, mais, depuis qu'il sait parler, il dit « non » quand il pense « oui », et emprunte des chemins détournés pour s'épargner d'énoncer ses désirs réels.

Alain et lui s'aiment beaucoup. Tant mieux que mes petits-fils aiment et soient aimés de mon mari ! Cela leur sera précieux, je le sais. Paul demande des explications sur presque tout, et écoute attentivement Alain, ravi comme toujours d'apprendre quelque chose à un enfant. Le petit enregistre sans difficulté. S'il insiste, Alain renchérit, heureux de le voir comprendre aussi vite.

En Polynésie, je lui ai fait « école », puisque j'étais tout le temps libre. En trois semaines, sans forcer, nous avons « assimilé » tout le programme que m'avait remis sa maîtresse. Comme j'avais emporté ses livres de classe, nous avons continué, tranquilles, entre deux visions de poissons multicolores se faufilant parmi les coraux.

Le chirurgien lituanien luttait tant qu'il pouvait. Il a disposé un petit appareil pour contrôler si ton cerveau était encore irrigué.

Tout en enfilant une blouse blanche, Jean-Louis m'a demandé comment tu étais. Je crois bien que je lui ai dit : « Belle... C'est Marie... Ne regarde que ses mains, si tu veux. »

À nouveau, pour nous deux, l'ordre des choses n'était pas respecté. Je l'ai accompagné. Lui ai montré d'où il pouvait te regarder. Ton profil gauche était le moins abîmé.

Il a tenu le coup quelques minutes.

Plus tard, il est revenu et m'a demandé de le laisser seul avec toi.

Identique besoin que je ressentais de te parler sans témoin.

Jean-Louis est tombé amoureux de toi le vingt et un janvier mille neuf cent soixante-deux à la clinique du Belvédère. Il te regardait grandir et son amour grandissait. Il allait jusqu'à ne pas être content, les jours où tu étais un peu moins belle, ce qui me faisait rire. Tu aurais pu devenir la reine des capricieuses. Au contraire, être entourée de notre amour t'a rendue la plus douce des fillettes, puis des jeunes filles, puis des jeunes femmes.

Je vous ai laissés seuls.

Il a dû te dire comme il t'aimait.

Il y avait des moments d'espoir fou. Ta fièvre était tombée. On se remontait d'un coup. Bien sûr, c'était impossible que tu t'en ailles. C'était de la folie pure. Bien sûr, tu nous reviendrais.

Ce soir-là, Vincent, devenu mon père, m'a intimé l'ordre d'aller dormir à l'hôtel.

Jean-Louis et Mariane étaient là. J'ai obéi. Je suis allée retrouver l'équipe sur une terrasse-restaurant, près de l'hôtel.

En chemin, j'ai croisé Andreus qui, je le sentais, jouait un curieux rôle. Il avait été le dernier à vous voir. Après l'apéritif, vous étiez passés chez lui boire un verre. Là, il avait assisté à une agression de ton meurtrier contre toi. Sans raison apparente. Violente, l'agression telle qu'il la raconta à Lambert qu'il a rencontré plus tard. Il lui parla aussi des réactions bizarres après absorption de certains produits chimiques. Dans sa déposition, il n'a pas mentionné ces produits et a « adouci » l'agression. Pourquoi ? Mystère. Quand je l'ai croisé, je l'ai ignoré. Quelques minutes plus tard, sur la terrasse du restau-

rant, il s'est jeté dans mes bras en pleurant.
Je ne l'ai pas chassé. J'ignorais alors tout de
sa déposition. Plus tard, quand je lui ai
demandé de me la faire lire, dans le couloir
de ma chambre, à l'hôtel, je l'ai engueulé, lui
disant qu'il n'avait pas le droit de minimiser
l'altercation qui avait eu lieu sous ses yeux.
Tremblant, il m'a assurée qu'il allait tout de
suite la refaire. Il n'a pas tenu parole, mais le
fait que ton meurtrier, vers les 23 heures,
t'ait attrapée et bousculée sans raison, d'un
coup, chez lui, suffit à écarter l'idée d'un
crime passionnel.

Au restaurant, assise près de Lambert, en
face de François, je regardai les visages
émus, les yeux tendres et désertés de mes
amis. Lambert a dit qu'il allait te voir.
Roman a décidé de l'accompagner. Il nous a
laissés dans ma chambre, transformée par
Vincent en dortoir. Trois lits de camp y
étaient dressés : un pour Ruta, un pour
Vincent, un pour Roman. Vincent ne
voulait pas que je reste seule. J'ai pensé aux
vers de Cendrars : « *Mes amis m'entourent*

comme des garde-fous /Ils ont peur quand je pars que je ne revienne plus. » Je le sais, moi, que je ne suis pas suicidaire. Au téléphone, la voix d'Alain, qui n'avait pas le droit de bouger de son lit d'hôpital parisien, me redonnait un peu de vie pour un instant.

Je ne dormais presque pas, mais je n'avais plus jamais sommeil. Ne ressentais aucune fatigue. Assommée de somnifères, j'ai dû tout de même m'assoupir deux ou trois heures.

À l'hôpital, le lendemain, j'ai trouvé Lambert à ton chevet, chantant de sa voix si belle tes chansons préférées.

Delajoux, le neurologue français arrivé le matin, nous a dit qu'il allait tenter une autre intervention, mais il nous laissait peu d'espoir.

Sur la petite terrasse aux fauteuils crevés, réservée aux infirmières, que nous avions investie avec leur approbation, nous ne regardions plus rien. Je me suis sentie défaillir. J'ai demandé à Vincent de me balancer des claques sur le visage avec un linge humide. J'ai demandé aussi qu'on prenne ma tension. Qu'on appelle Marino, mon cardiologue. J'ai expliqué le plus calmement possible que je prenais chaque soir de l'Attacan. Ma tension était basse. On m'a transportée dans la même salle que toi, à côté de toi, ma muette, mon absente, mon cher amour, moi ta mère qui étais prise d'un léger malaise sans importance. Dans ces cas-là, toutes les mères voudraient échanger les places. Moi, j'avais vécu de longues années heureuses. Toi, il t'en restait plein à vivre. Tes fils avaient tous besoin de toi. On m'a fait un électrocardiogramme, adminis-tré de l'oxygène. Mariane me massait les pieds, les mains. Une cardiologue est descendue et a constaté que ma tension remontait. J'avais tourné les yeux vers toi, sur l'autre lit autour duquel s'affairaient les hommes et les femmes en vert pour la prochaine intervention. Celle de Delajoux.

Je voulais te tendre les bras. Je le voulais avec force. Je ne sais pas si je l'ai fait.

Ma fille chérie, reste, s'il te plaît, ne nous laisse pas. On ne peut pas, ton père et moi. Ton frère. Et surtout tes quatre fils.

J'ai rejoint les autres sur la minuscule terrasse. L'attente à nouveau, et, malgré la franchise des chirurgiens, lituaniens puis français, l'espoir impossible à éteindre.

Je regardai la forêt devant nous. Tu avais encore plein de forêts et de lacs à découvrir, de rencontres à faire, d'amour à donner. Il fallait que cette nouvelle opération aboutisse. Que tu ouvres à nouveau les yeux.

Nous étouffions tous. Nous sommes descendus retrouver les membres de l'équipe devant l'hôpital. Ils nous entourèrent de leur tendresse inquiète.

Jean-Louis faisait l'effort de parler un peu.

Quand nous sommes retournés, au détour d'un couloir, je t'ai vue passer,

poussée sur ton chariot, entourée d'infirmières qui tenaient des bouteilles au-dessus
de toi. La même image que Pauline il y a
trente-quatre ans, à Rome. J'ai couru vers
toi. Je t'ai dit : « Maman est là. Je ne te quit-
terai plus. Plus jamais ! »

Les portes de l'ascenseur se sont refer-
mées devant moi. L'impression de te perdre
un peu plus. Un médecin m'a guidée dans
les couloirs. Je lui parlais français, il me
répondait en lituanien.

Il m'a ramenée aux autres.

Delajoux est revenu.

Nous sommes allés dans le salon jaune
réservé aux chirurgiens.

Il y avait une chance sur mille pour que tu
te réveilles, et il a ajouté qu'il ne nous la
souhaitait pas.

Tes chances de vie diminuaient d'heure
en heure.

Roman, descendu voir l'équipe, n'était
pas au courant de l'ultime diagnostic.

Il est réapparu, si jeune, si pur, plein de foi en ta guérison puisque ta fièvre était tombée. Il m'a dit :

— Tu vois, Nana, que c'était impossible : elle va rouvrir les yeux.

La pensée de le briser à nouveau...

Impuissante, j'ai vu son visage se défaire.

Nos vies se déchiquetaient.

Jean-Louis, douloureux, épuisé, m'a dit qu'il n'allait pas rester. Il me regardait, si malheureux. Au bord, sans doute, de cette si mince frontière qui sépare la raison de la déraison. Je lui caressai la main. Nous ne pouvions rien l'un pour l'autre. On le savait.

Depuis quelques années, quand tu me parlais de lui, il semblait qu'il était devenu un peu ton grand fils. Jean-Louis perdait sa fille en même temps que sa seconde maman.

Nous avons parlé de lui, Mariane et moi. C'était bien qu'elle soit là, qu'elle ramène Jean-Louis à ses oliviers. Il a des problèmes de diabète. Il est fatigué. Elle était d'accord. Ils sont partis.

Chez les avocats, nous étions autour d'une table : la mère, le frère et le fils aîné. Comme d'habitude, Ruta traduisait. Elle faisait preuve d'un calme étonnant, d'une maîtrise rare chez une si jeune fille. Les avocats nous expliquèrent les différences entre la justice lituanienne et la justice française.

Nous nous dirigions vers la voiture qui devait nous ramener à l'hôpital quand Roman nous a arrêtés et nous a dit, les yeux pleins de larmes : « Il faut que nous nous arrêtions de pleurer. » Vincent, qui n'a pas trente ans, était ému devant cet adolescent qui luttait si fort contre les vagues de chagrin qui nous submergeaient tous ensemble.

– Bien sûr, Roman, tu as raison. Nous allons cesser de pleurer.

Nous avons peut-être moins pleuré, sauf par accès irrépressibles. Ou alors cachés dans les toilettes.

En dehors des obligations vis-à-vis du tribunal, je ne te quittais pas. Tes doigts rangés autour de ma main, je ne cessais de te parler. De te supplier. De t'embrasser. De t'aimer.

Immobile, tu restais sans réaction.

Pour ton meurtrier, la garde à vue de quarante-huit heures a pris fin. Au juge de prendre la décision de le laisser libre ou de le placer en détention préventive.

Je suis allée au tribunal avec Roman. Vincent, en tant que témoin, n'avait pas le droit de venir. J'ai dit à Roman de ne pas se tourner vers celui qui avait tué sa mère, que ça lui ferait trop de mal. Le box des accusés était derrière notre banc. Roman ne m'a pas obéi. Je le comprends. Il est resté tourné vers le meurtrier de sa mère et ne l'a pas quitté une seule minute de ses yeux révoltés.

J'ai demandé à parler. J'ai parlé de la haine avec laquelle je faisais connaissance, en ce moment, quand je te regardais, là-bas, à l'hôpital. J'ai ajouté que j'étais là pour qu'il n'y ait plus d'autre « Marie ».

J'ai parlé de tes enfants. Que penseraient-ils d'un monde où l'homme qui avait tué leur mère ne serait pas puni ?... J'ai vu dans le regard du juge qu'il comprenait.

Le temps avait cessé d'exister. Il n'y avait plus que toi. Toi, ma muette, ma fille... Plus jamais... Plus jamais nos fous rires, nos conversations de femmes sur l'amour, les enfants. Nous étions d'accord : ils devaient toujours passer avant tout. Avant nous. Mille fois tu m'as dit que c'était pour eux que tu travaillais tant. Le jour où tu m'as appris que tu avais fait donation de ta maison du Midi à Roman et Paul – tu y avais pensé quand tu avais à peine trente ans –, j'ai eu honte de ne pas avoir eu la même idée que toi. Comme tu les aimais bien ! Tu pensais à tout pour eux. Courais d'une sortie d'école à un pédiatre, à un magasin de fringues pour enfants... Tout ça en tournant, en jouant, en faisant la cuisine dans ta maison de bonheur et de liberté, un ou deux mômes accrochés à tes jupes, à ton bras. Images d'amour et d'allégresse. Ils ont perdu une mère exceptionnelle qui avait le sens de la vie... De la vie, mon amour...

Comme je le hais, cet homme qui te l'a ôtée avec sa barbarie de macho ! Il n'a pas songé à te sauver, il n'a pensé qu'à lui ! À comment se tirer de là. Il disait : « Si Marie meurt, je ne veux plus vivre... » Des mots. Des mots. *Des mots*. Je comprends ce qu'a voulu dire Shakespeare !

Ma chérie, tu aimais tout. Tu te jetais à corps perdu dans le bonheur. Sans calcul. Sans « arrière-boutiques ».

Tu as su aimer. Beaucoup. Ta ferveur se lisait dans tes regards, dans tes gestes, dans cette grâce restée intacte malgré les coups sauvages portés à ton visage pour qu'il cesse de briller pour les autres.

Je reçois des lettres dans lesquelles j'apprends sur toi mille jolis moments que j'ignorais, qui te ressemblent. Des gens qui ont croisé ta route et n'ont pas oublié.

De Dominique Blanc débarquant dans un hôtel de province pour le tournage de son troisième film et qui se sentait pleine de peur, seule au monde, mais à qui tu avais laissé un adorable mot de bienvenue à la réception. Sur une feuille arrachée à ton agenda, tu lui disais ton admiration. Sa peur a disparu d'un coup.

D'une jeune fille qui pleurait sur un banc et que tu as consolée. Une inconnue qui ne t'a pas oubliée.

Tu avais toujours le temps pour l'essentiel. Tu le trouvais. Tu l'inventais et ton sourire d'enfant te faisait pardonner ton retard au rendez-vous d'après.

Marie, comment ça va être, la vie sans toi ? Je ne peux m'empêcher de t'attendre.

Sur la terrasse des infirmières, d'un coup Roman a envoyé des coups de pied dans les chaises, dans le vide, en disant : « Je ne verrai plus jamais maman, moi ! Plus jamais ! Quel salaud ! Ma mère ! » Tout le malheur du monde était dans ces mots. Je l'ai pris contre moi. Vincent lui étreignait l'épaule. Un peu plus tard, j'ai vu Lambert lui parler doucement.

Jérôme Minet était là, lui aussi. Prêt à faire son possible pour aider. Depuis, il tient parole. Dès le premier jour, Patrick et Anaïs nous ont ramené des plateaux de nourriture. Nora était présente, elle aussi. Mais qui peut quoi devant l'horreur ?

Deux des pères de tes petits sont venus ensemble : Richard, le père de Roman, et Samuel, qui est aussi ton mari. Il a la trouille en avion et a fait le voyage accroché au bras de Richard qui tentait de le rassurer. François n'avait pas pu venir, et le regrettait. Les trois pères s'aiment beaucoup. Ils ont un même chagrin.

Je ne voulais plus qu'une chose : te ramener à Paris. Je savais que tu étais perdue,
mais je ne voulais pas rater une seule minute
de toi, et cet hôpital où tous étaient si gentils
me rendait tout de même malade. Il était
devenu pour moi synonyme de la fin de mon
enfant. Bien injustement, cela je le savais
aussi, mais on n'est pas toujours cohérent,
surtout face à l'horreur.

Je te caressais, je t'embrassais, je te
parlais.

Vincent te regardait, les yeux pleins de
larmes. Il murmurait ton nom tout bas.

Roman restait muet. Ardent.

Tous deux t'ont dit « adieu » ensemble, je
crois, à l'hôpital de Vilnius, le jour de notre
départ. Pour le cas où…

Oh, ma tendre chérie, hier, sur la table de
montage, je voyais ton merveilleux visage
levé comme en offrande vers le ciel. C'est une
scène où tu danses sans virtuosité, bien sûr :

tu n'es pas danseuse. Mais, comme Colette, tu improvisais et ta grâce était infinie. D'un coup, comme une vague qui submerge, le « plus jamais » qui me poursuit m'a fait quitter soudainement Nicole, mon amie, ma monteuse depuis toujours. Elle comprend tout sans jamais rien dire.

Dans la rue, de nouveau, rien n'était plus réel. Je disais ton nom tout bas pour me sauver, mais, rue Jean-Mermoz, on a bu des cafés ensemble dans un de ces bistrots. Tu es partout, ma fille chérie.

Nous aimions tant ces joyeux moments de légère irresponsabilité. On se racontait des trucs. Sur le travail, parfois. D'autres fois sur l'amour, les enfants. Tout à coup, il fallait partir en chercher un à l'école.

22 août : l'ignominie de ton meurtrier n'a pas de limites. Sa première défense, qui était « Je l'ai poussée. Elle est tombée sur un chauffage », aujourd'hui ne tient plus debout. L'autopsie prouve que des coups violents t'ont

été portés. Alors ton meurtrier a changé de mensonge. Tu serais jalouse, hystérique ! Quelle belle déclaration d'amour faite à celle qui ne peut plus répondre !

Tu aurais été jalouse de sa femme. Or tu ne m'as jamais dit que du bien d'elle. Au début de votre histoire, devant son chagrin, tu avais rompu. Elle t'avait écrit. Et puis il t'a envoyé tant de messages désespérés que tu as craqué. Je ne t'avais jamais vu tomber amoureuse avec autant de désolation. Quand je te posais des questions, tu me parlais du chagrin de Samuel. Je sais combien quitter quelqu'un dont on n'est plus amoureux mais qu'on n'a pas cessé d'aimer comme un frère, comme le meilleur des amis, est difficile.

Toi, jalouse du passé de ton meurtrier ? Il inverse les rôles. Quand tu as commencé à vivre avec François, ton premier souci a été de faire une place dans vos vies à sa fille Blanche. Elle t'adore et tu le lui rends bien. Je sais que tu n'as jamais été jalouse du passé des hommes que tu as aimés.

Ton meurtrier, pour se disculper, a même déclaré que toi, tu l'avais attaqué ! Comme l'a souligné à la télé Georges Kiejman, indigné : un mètre soixante-cinq, quarante-huit kilos, contre un mètre quatre-vingt-dix, quatre-vingts kilos ! Piètre défense !

Ton meurtrier est prêt à tout pour sauver sa peau tout en faisant de grandes déclarations selon lesquelles il aimerait mieux être à ta place ! Qu'il y aille ! Après avoir tué ma fille, il cherche, pour sa misérable défense, à salir mon fils, à l'entraîner dans ses marécages pourris. Il ment pour justifier sa non-assistance à personne en danger. Mes mains en tremblent. Quand Vincent, après environ une heure passée à l'écouter, est retourné dans la chambre, il a fait la lumière et découvert ton visage. Il a vécu le moment le plus horrible de sa vie. Dans les escaliers, ton meurtrier le suivait en tentant de le dissuader d'appeler du secours.

Vincent a demandé à la réception une ambulance et quel était le meilleur hôpital.

Je te savais perdue et ne voulais pas perdre une minute de toi. Même si mes caresses ne t'atteignaient pas, je pouvais encore te toucher. J'avais besoin de tes petites mains qui, obéissantes, se refermaient sur moi. Ton visage chéri, ô ma fifille bien-aimée. J'ai dû me battre pour avoir le droit de te ramener, comme si tu n'étais déjà plus libre. Il fallait l'autorisation du procureur. Un avion sanitaire a été envoyé par Aillagon. Pour l'autorisation, Villepin a dénoué les choses. Même Jacques Chirac m'avait téléphoné pour me proposer son aide et m'exprimer sa peine. Chaque jour je mesure combien tu es aimée.

Revenir dans cet avion pour ce qu'on savait être ton dernier voyage, Vincent, à bout de chagrin, ne le pouvait pas. Dominique Besnehardt, venu lui aussi apporter sa tendresse et son amitié, a déclaré d'emblée vouloir nous accompagner.

Malgré le soin dont Robertas nous entourait, malgré les gardes du corps qu'il avait envoyés, malgré nos précautions, des journalistes ont réussi à filmer notre sortie de l'hôpital jusqu'à l'ambulance ! Éperdue, j'ai mis mes mains devant ton visage pour tenter de te protéger. C'était un viol !

Les journalistes… Aujourd'hui, ils cherchent des images de toi en compagnie de ton meurtrier ! Il y en a une dont la légende vous a comparés à Roméo et Juliette ! Depuis quand Roméo a-t-il tué Juliette ?

Ils sont prêts à tout pour vendre.

Certains, heureusement, sont différents. Ils font leur métier sans devenir ni presse soi-disant du cœur, ni charognards.

Dans l'avion, pendant que les médecins s'activaient, j'ai vu par le hublot, debout sur la piste, Vincent et Roman me faire de grands signes. Patrick était là lui aussi, discret et malheureux. Jean-Marc Kerdelué a fait irruption d'un coup dans l'appareil, ce qui lui ressemble assez. Lui aussi avait décidé de faire le voyage avec nous.

Je te regardais et te racontais les paysages qui s'éloignaient, les nuages dans le ciel...

Ensemble nous avions fait un film qui s'appelle *Premier voyage*. L'histoire d'une adolescente et de son petit frère qui, à la mort de leur mère, partent à la recherche de leur père. Vincent a joué là pour l'unique fois de sa vie. Il avait cinq ans. Attentive à lui durant les prises, tu en oubliais qu'il te fallait aussi jouer. Lui, impassible, te soufflait en douce tes répliques. Dès la première semaine, il discutait tellement de son rôle que l'équipe l'avait surnommé De Niro. C'était un tournage joyeux dans l'arrière-pays niçois : la Vallée des merveilles. Le soir, après le tournage, nous jouions avec toute l'équipe à nous poursuivre avec des pistolets à eau. Le film fini, nous avons fait toutes les deux sa promotion en province. Au début, nous parlions de Vincent avec notre folle tendresse. Au bout de trois ou quatre villes, on en a eu ras-le-bol d'entendre les spectateurs s'extasier sur le « petit génie », et le soir, après les projections, à table, nous rigolions entre nous, disant pis que pendre sur le petit.

Je ne savais pas que je ferais avec toi le dernier de tes voyages.

À tes côtés, bouleversant, Dominique priait, ses mains jointes comme lorsqu'on est enfant.

Jean-Marc parlait avec les pilotes.

Nous avons atterri au Bourget. Je suis montée dans l'ambulance auprès de toi. Sur ton visage blanc, immobile, absent, les lumières de Paris défilaient. J'entendais vaguement la conversation des deux médecins venus te « rebrancher ». L'un d'eux disait sans arrêt : « Ben, mon vieux ! Jamais vu ça ! Combien y sont ? » Je ne comprenais pas. J'ai pensé que, désormais, je n'arriverais plus à comprendre mes semblables. Ils parlaient des motards qui nous traçaient le chemin. Ce n'était pas notre premier trajet en ambulance…

Tu étais partie à La Rochelle, je crois, retrouver François. J'avais égaré le numéro de téléphone de ton hôtel. J'ai appelé ton agent. J'ai demandé à la standardiste ton numéro. Elle me l'a aussitôt donné. J'étais tranquille dans mon bureau. J'ai composé le numéro, ai demandé ta chambre. Une voix m'a dit : « Marie Trintignant ? Elle est aux urgences. Je ne peux pas vous la passer. » Je me suis levée. Le sol se dérobait sous mes pieds. J'ai hurlé le nom d'Alain. Il s'est renseigné. Accident de voiture. Tu étais passée par le pare-brise. Je suis partie aussitôt. Il n'y avait pas d'avion. J'ai pris le train. À Paris, Alain se renseignait sur les meilleurs spécialistes. Je t'ai trouvée couchée, le visage recouvert d'une croûte de sang. Tu voulais entendre la voix de Roman. C'est toi qui conduisais et tu étais persuadée qu'on te cachait que ton fils était blessé. Dans l'ambulance, j'étais assise auprès de toi. Nous nous tenions les mains. Je te regardais en pensant qu'avec ton métier, ce serait terrible si ton visage était abîmé. Tu as entendu ce que je ne disais pas et tu m'as dit :

— T'en fais pas, mamounette. Si je suis défigurée, il faudra que je devienne une comédienne sublime. C'est possible, en travaillant, tu sais...

À la clinique Hartman, le directeur avait installé un tunnel de drap sombre qui nous isolait des journalistes.

Tu étais à Paris. Inexplicablement, je me disais que là, tu allais enfin te réveiller. Delajoux, le chirurgien, qui t'avait opérée à Vilnius, t'a fait un scanner. Je lui ai dit que j'avais changé d'avis : je préférais te garder. Que tu restes, même dans ton étrange absence. J'aimais mettre tes doigts sur ma main, embrasser ta bouche. J'aimais que tu sois là, même sans y être vraiment. Je lui expliquai que le fait de vivre certaines situations pouvait nous transformer. Il m'écoutait, attentif. Je sentais son pessimisme sur tes possibilités de durer même dans ton coma, mais, intérieurement, je le réfutais.

Mathieu, le meilleur ami de Vincent, qui avait pris soin d'Alain depuis son admission à l'hôpital, m'a emmenée le voir. Très maigre, sans rien dire, les yeux pleins de larmes, Alain m'a serrée contre lui. Lui aussi t'adore. Tu avais treize ans quand nous avons commencé à vivre ensemble. Il a su attendre ta tendresse sans jamais la réclamer. Tu avais confiance en son jugement. Quand tu as connu Samuel, tu m'as dit : « Il est pour moi, comme Alain pour toi. »

À l'hôpital, on nous a appelés depuis Hartman. Tu allais plus mal. Je suis repartie dans la nuit. Depuis le taxi, j'ai appelé mon frère, mes sœurs, mes amis les plus proches : Lambert, Anouk, Higelin, Florence, Danièle et Albert, les Semprun, pour les prévenir.

Nous étions tous autour de toi.

Lambert chantait « tes » chansons en répandant la beauté et l'amour à ton chevet. Quand il s'arrêtait, je lui tendais un verre d'eau.

Il souriait à travers ses larmes, et de nouveau chantait. De Haendel aux *Escaliers de la butte*, il a chanté tout le temps qu'il te restait à vivre. J'ai appelé Vincent. Il était dans l'avion. J'ai laissé un message pour lui dire de vite venir. Je voulais de toutes mes forces que ce moment fût éternel. Je te caressais la main, t'embrassais tout en épiant l'ordinateur qui indiquait les battements de ton cœur. On l'a vu mille fois au cinéma, l'instant où tout cesse, où la ligne devient irrémédiablement horizontale, mais là, quand c'est arrivé, c'est ma petite fille qui s'en allait, emportant avec elle beaucoup de moi, de son père, de son frère, de ses fils.

Je me suis sentie coupée en deux pour toujours.

Depuis, il est des heures, surtout la nuit, où tu meurs à chaque seconde. Où tu vois, effrayée, le poing de ton meurtrier qui va s'abattre sur toi.

C'est fini.

J'ai appelé Vincent pour lui dire de ne pas venir. Je ne voulais plus que Roman et lui te voient. Tu aurais été d'accord. Mais ils étaient sur le chemin et Vincent m'a répondu : « On vient. Pour te voir, toi. »

On m'a dit qu'on allait venir te chercher. L'Institut médico-légal. Larguée, j'écoutais sans entendre.

Ils ont prononcé le mot « autopsie ».

Comme Pauline, alors. Je glissais dans le trou. Quand vous étiez dans mon ventre, je prévoyais pour vous une longue vie. Pas que j'aurais à vivre l'image du scalpel sur votre corps. Et dans ta tête, pour toi. Mes deux petites filles…

Il y avait, dans le salon contigu à ta chambre, mes sœurs. Les Semprun. Comme pour Pauline il y a trente-quatre ans, à Rome.

Florence Malraux me remercia de lui avoir permis de vivre un départ si doux, si plein d'amour. Ma sœur Lilou alla chercher pour toi une robe de Chanel que tu adorais.

Higelin, malheureux, m'expliqua qu'il venait juste d'entendre mon message. Il était aussitôt accouru. Anouk me caressait les mains. Nora et Jérôme voulaient que je mange. La table basse était couverte de croissants.

Tu es partie sans moi.

Je ne sais plus qui m'a ramenée à Alain.

Sûrement Vincent.

À son hôpital, il y avait un lit pour moi auprès du sien. Nous y sommes restés cinq ou six jours. Peut-être moins, peut-être plus. Le temps était devenu étale.

Alain, malheureux, m'aidait avec son nouveau silence, son amour que je sens si fort.

C'est le jour où nous sommes allés en ambulance à l'hôpital Saint-Joseph où ils devaient lui faire un scanner, que j'ai mesuré mon handicap.

Alain m'a dit d'aller manger un morceau. Il fallait manger. C'était important.

Dans la rue, tout m'a semblé bizarre. Disproportionné. Bruyant jusqu'à la nausée. J'avais perdu mes repères. Depuis cet horrible dimanche, je n'avais pas passé une minute seule dans la rue. J'avais perdu le mode d'emploi. J'ai erré au hasard. À la terrasse d'une brasserie, je me suis assise auprès d'une étudiante qui écrivait tout en discutant sur son portable. Je suis repartie sans avoir touché mon tartare, qui me dégoûtait. Je ne savais quelle rue prendre. Une dame modestement vêtue m'a demandé si elle pouvait m'aider. J'ai dit que je cherchais l'hôpital Saint-Joseph. Elle m'a guidée avec gentillesse et discrétion.

Alain m'attendait avec son beau sourire.

Son scanner était bon.

Dans la nuit chaude de sa chambre, je l'ai rejoint dans son lit étroit. Il m'a serrée contre lui. M'a parlé doucement de toi. De tes enfants qu'il fallait aider le plus possible. De Vincent.

Dans la brasserie qui fait face au Palais de Justice, j'ai évoqué mon envie de réunir ceux qui t'aiment pour te dire adieu, pour se retrouver aussi. Avec une musique comme tu aimais. Je pensais à Haendel, à Bach. À l'église St Julien-le-Pauvre. Ironique, Richard et Samuel m'ont demandé quelle synagogue je choisissais ! Nous avons décidé : un théâtre, Jean-Louis Livi et Bernard Murat ont mis l'*Édouard VII* à notre disposition. Le spectacle ne devait être ni solennel ni chagrin. Ce sont beaucoup ceux de *Colette* qui l'ont assuré. Mis en scène par Alexis Tikavoy et mené avec grâce par Higelin. Lambert a chanté seul, puis avec Vladimir Yordanof une chanson de *L'Opéra de quat'sous*. La voix de Lio s'est élevée, tendre et douce. Puis celles de Rachel des bois, Barbara Schultz, Thomas Fersen, Jacques Higelin évidemment. Lui, distribuait tendresse et émotion pure.

Toutes ces chansons ou presque, nous les avions fredonnées avec toi durant le tournage de *Colette*.

Il y avait aussi un saxo et un accordéoniste. Jean-Louis Aubert est venu seul avec sa guitare ; il a chanté deux très belles chansons. Antonio Tabucchi a lu un texte rédigé à ton intention, dans lequel il évoquait tous ces merveilleux poètes qui avaient écrit pour toi sans le savoir, dans le passé. Les phrases d'eux qu'il avait trouvées étaient si proches de toi, de ton éternelle innocence. Jorge Semprun, qui t'a connue quand tu avais trois ans, m'a émue lui aussi par la tendresse de ce qu'il avait écrit. Véronique, la femme de Serge, mon frère qui t'aime tant, que tu aimes tant, a lu un poème de lui, à toi consacré. La douleur lui a fait trouver les mots qu'il fallait ; j'avais oublié comme Serge écrit bien.

Tu étais là.

Ensuite, nous sommes allés au cimetière. Tous vêtus de blanc, comme Roman l'avait souhaité. Tu n'es pas loin de Colette, entre Daniel Toscan du Plantier et Gilbert Bécaud.

Émus, tendres, discrets, la foule des anonymes qui se pressait dans le cimetière malgré le canicule m'a donné un secret contentement à constater combien tu es aimée. Ils étaient si nombreux, les yeux pleins de larmes.

C'était la première sortie d'Alain qui se tenait la main plaquée sur sa cicatrice, sans y penser.

Jean-Louis a dit cette phrase d'un poète qui, curieusement, revient souvent dans les lettres que je reçois : « *Ne pleure pas celle que tu as perdue, réjouis-toi de l'avoir connue.* » Il n'a pu achever que dans les sanglots.

Vincent a dit que « *tu n'étais pas dans la boîte blanche, puisque tu étais dans son cœur et qu'on ne peut pas être partout à la fois* ».

Tu étais inondée de fleurs, blanches elles aussi.

Alain et moi sommes retournés à son hôpital.

Richard, Samuel et François étaient venus ensemble le voir. Ils ont parlé de tes fils. Il ne faut pas qu'ils perdent, en même temps qu'une mère exceptionnelle, la fraternité. Samuel a élevé avec toi les deux derniers, s'est fait aimer des deux aînés. Il cherche une grande maison à louer pour vous réunir le plus souvent possible. Il la cherche vers Vincennes pour que les petits puissent aller en vélo chez l'un, chez l'autre. Richard, père tendre et fort, a compris que Roman ne pouvait se séparer tout de suite de Vincent. Nous sommes unis tous les trois d'une curieuse manière. Ce qu'on a vécu ensemble, on le raconte par bribes à ceux qui nous aiment, en sachant qu'il est des choses intransmissibles. Mais quand on se voit tous les trois, on sait que les deux autres savent.

Il fallait parler à tes trois autres fils. Leur dire que leur maman était morte. Paul a beaucoup pleuré. Avec son père. Avec sa belle-mère que tu aimais beaucoup. Avec

Blanche, sa grande sœur. Au bout de trois jours, à table, il a demandé avec gravité si désormais ils allaient passer leur vie à pleurer. C'est ton fils… François lui a dit que non, ils allaient même recommencer à vivre. Le plus tôt possible. Mais Paul a dix ans. Il exige qu'on lui dise tout. Il a demandé à son père si tu avais eu un accident de voiture.

Non.

Si tu avais été malade ?

Non.

Alors, que t'était-il arrivé ?

François a été merveilleux. Il a dit que c'était « la terrible histoire d'un homme qui avait voulu avoir le dernier mot. Et toi, tu avais tenu bon. Et lui avait insisté, insisté… Et toi, tu tenais bon… Et il a eu le dernier mot. »

C'est la vérité, mais déroulée comme un doux pansement.

Au téléphone, Paul avait changé de rapport avec moi. Encore plus tendre. Jamais je n'avais autant été ta mère pour lui.

Pareil avec Léon. Au téléphone aussi, puisque c'est une période de vacances. Il était chez Jean-Louis avec deux de ses frères et Vincent. Quand j'ai dit bonjour à Léon, de sa voix grave pour son âge il m'a demandé si je savais où tu étais. Il était le seul de tes enfants à ne pas être venu au cimetière. Je lui ai dit qu'aux premiers jours de septembre, à Paris, je l'emmènerais. Il m'a dit : « D'accord, Nana. On ira tous les deux. » Il a six ans. Pour lui et pour Jules, la mort est abstraite. Dans les villes, on ne voit guère d'animaux morts comme dans les villages.

Cette lettre que je t'écris pour être proche de toi, je la remettrai à tes enfants avec les deux cantines remplies de lettres que des gens qui t'aimaient, souvent sans te connaître, m'envoient, envoient à Jean-Louis. Roman et Paul savent qui tu étais. Léon et Jules, eux, sont si petits ; je ne veux pas qu'ils aient pour toi, plus tard, de lointains et souvent faux souvenirs comme on en a tous, nous appropriant ce que nous entendons dire et croyant ensuite de bonne foi l'avoir vécu. Ni qu'ils aient seulement de toi les images des films que tu as tournés, où on te voit si belle, ma souveraine. Je voudrais leur donner la femme entière. C'est impossible, car je ne peux inventer le son de ta voix souvent railleuse, tes élans du cœur, tes rires. Mais j'espère que ta générosité, ta gentillesse, ta liberté transparaîtront dans cette longue missive.

J'espère, tout en sachant que, parfois, l'extrême douleur peut rendre maladroit.

Nous devions déposer à la Brigade criminelle, Vincent, Roman et moi. Nous nous sommes retrouvés dans la brasserie qui fait face au Palais de Justice. Il y avait là Richard, Zoé, ta meilleure amie, avec J.F., son mari. On s'est embrassés avec un même infini chagrin... Samuel est arrivé avec Jules. Jamais Jules ne s'est serré contre moi comme ce jour-là. J'étais bouleversée par son élan. Par sa douceur. Tu étais tellement là, ma fifille chérie...

À la sortie de la P.J., je crois que Vincent et Roman m'ont raccompagnée à l'hôpital. On s'est dit au revoir. Ils partent pour la maison de Bonifacio avec Ruta, Mathieu et un copain de Roman. La Corse leur fera du bien. Nous sommes si tendus. Tellement perdus. Tu nous manques pour toujours et nous le savons.

Je me demande ce que va être cette autre existence. Celle sans toi. Chacun de nous va tenter de s'inventer la sienne. L'important aujourd'hui est d'observer une certaine discipline : se lever le matin, être bien propre. J'ai décidé de me mettre au montage de nos deux films dès qu'avec Alain nous serons rentrés à la maison.

En attendant, vivre à l'hôpital au plus près d'Alain est comme une période de transit. Ici tu n'es jamais venue et cela m'est peut-être une aide. Je ne sais pas.

Danièle et Albert sont rentrés du Midi pour nous voir. Ils repartaient le lendemain pour l'Espagne, mais, si on voulait, ils restaient. Ils sont partis, et depuis, chaque jour, la maison « Lenôtre » nous livre à l'hôpital les dîners qu'ils ont commandés pour nous. Une folie qui leur ressemble.

C'est la canicule à Paris. Tout le monde semble en souffrir. La chambre de l'hôpital est exposée plein sud. Cette chaleur anormale m'aide peut-être. Comme tout ce qui est hors normes.

Trois semaines plus tard, nous apprendrons qu'en France quelque quinze mille vieux sont morts durant cette canicule. Parmi eux, il y en a qui ne seront jamais réclamés par leurs enfants. Ils sont morts du soleil et de solitude. Morts d'abandon.

Deux semaines plus tard, j'apprendrai que, chaque mois, cinq femmes meurent, en France, battues par « leur homme » ! Trois fois plus en Espagne. Aucune espèce animale ne peut sans doute se prévaloir d'un tel score.

Sur les écrans de la télé, on voit des enfants armés de mitraillettes errer dans les rues de la capitale du Libéria.

Huit sous-marins nucléaires sont perdus au fond des mers. De quoi faire sauter la moitié de la planète.

N'y a-t-il de refuge que dans l'art ? Mozart, Matisse m'aident fugitivement à chasser les dernières images de ta vie. Juste avant que tu ne tombes dans ton coma profond. Ces images sont marquées au fer rouge dans ma mémoire. M'as-tu appelée ? Je ne t'ai pas entendue, mon amour. Pas vu ta réalité, alors que je te filmais huit à neuf heures par jour. Je voyais Colette, que nous avions cherché ensemble à faire revivre par l'écriture. Magnifique actrice, tu me la donnais chaque jour, notre Colette. Mais je ne voyais ma fille que fugacement. Quand tu étais « comme avant », nous retrouvions un peu de notre complicité. Le matin au maquillage, c'est aussi toi que je voyais, mais pour parler des séquences de la journée, et souvent, te sentant sombre, te voyant mauvaise mine, je n'osais violer le mur de ton intimité. Aujourd'hui, je m'en veux de mon respect imbécile. Toujours j'ai attendu que tu me parles la première. Tu l'as toujours fait, mais souvent des mois ou des années plus tard. Quand ton désir que tes parents aiment ton amour s'était évanoui en même temps que cet amour.

Je te disais parfois qu'il fallait accepter, dans la vie d'un couple, les moments où la tendresse s'y substituait. Le fol amour revenait s'il était vrai. Il te fallait apprendre la patience. Tu me répondais que je t'avais toujours dit, quand tu étais petite, qu'en amour comme dans le travail, il fallait garder son exigence. Partir dès que c'était moins bien. On dit plein de trucs à ses enfants, et eux font leur propre tri. Prennent ce qui leur correspond le mieux.

Un samedi, Alain et moi avons quitté l'hôpital et sommes rentrés rue des Francs-Bourgeois.

Tu avais treize ans quand nous nous sommes installés ici.

Tu es partout. Je me surprends à guetter ton appel, ton rire, tes coups de sonnette répétés, histoire de bien nous agacer.

Tu me manques de plus en plus.

Nous n'avons pas bougé de la maison. Alain est si doux. Si malheureux, lui aussi. Comme moi il n'arrive pas à croire que ce cauchemar soit la réalité.

Chaque matin, une infirmière vient lui refaire son pansement. Ce n'est pas toujours la même, mais toutes ont bien des points communs. Le rire joyeux. Presque insouciant. Une certaine maniaquerie, indispensable dans leur métier.

Le lundi suivant, je suis allée au montage. À Vilnius, je l'avais promis à Jérôme qui tentait de me rassurer sur ce plan-là. C'est vrai : que ce soit lui ou Laurence Bachman ou René Tessier, tous sont très attentifs et tendres avec moi. Delphine Vautier aussi, qui m'appelle de temps en temps.

Nicole m'a montré le pré-montage du premier film. Je me rends compte que je dois faire attention. M'évertuer à être au meilleur de moi, au meilleur de toi, au meilleur de tous tes merveilleux partenaires. En faisant abstraction de mes propres impressions sur toi… Fausses, m'a gentiment expliqué Nicole. J'ai en effet été frappée, à l'image, par ta tristesse. Ce qui est vrai dans les scènes où Colette souffre d'être trahie par l'homme qu'elle aime. Mais cette tristesse, je la trouve terrible. Elle me fait mal. Catherine Deneuve, qui sait de quoi elle parle, me dit que c'est parce que tu es une magnifique comédienne. Elle a sûrement raison. C'est une vraie amie, Catherine. Elle m'avait appelée à Vilnius, prête à venir. Elle s'était déjà renseignée sur les horaires d'avion. Je lui ai dit de n'en rien faire, mais son geste m'a émue. Nini aussi m'a dit de Los Angeles qu'elle accourrait à ma demande. Anouk vient souvent me voir. La dernière fois, avec un pot de moelle de bœuf pour mes cheveux que je perds à la vitesse grand V. Higelin et Lambert m'envoient des messages d'amour. Tous t'aimaient et m'aiment avec une vraie grande amitié. Ils me réchauffent.

Monter le film est une façon de te voir bouger, parler, rire et pleurer. Quand j'ai trop envie de te toucher, je me sauve. La nuit, quand je n'arrive pas à dormir, je vais à mon ordinateur pour t'écrire cette longue lettre. C'est une autre façon d'être au plus près de toi.

Hier, j'ai montré à Jérôme et à Nora les quarante premières minutes du premier film. Ils étaient très émus. Jérôme m'a félicitée. Tant mieux. Je veux que ces films soient dignes de toi.

Alain est guéri, sa plaie presque refermée ; nous partons pour la Corse. Vincent est à l'aéroport de Figari. Ruta et Mathieu nous attendent sur un bateau prêté. Lui et Vincent sont capitaines à tour de rôle. Je les vois tout faire pour que nous réussissions ensemble à passer ce cap douloureux. Je dois veiller à cacher mon manque de toi. Vincent et Alain éprouvent le leur et s'oublient pour m'aider, ce qui n'est pas juste. Hier soir, sur la terrasse du haut, ton petit frère est venu me réconforter l'air de rien. Il m'a dit : « Tu devrais te dire que c'est un accident qu'elle a eu. »

Je ne peux pas.

Lui non plus, d'ailleurs.

Les Corses, discrets, me font des signes d'amitié silencieuse.

Je suis allée dans la mer sans l'aimer, pour la première fois de ma vie. Je cherchais à sentir l'eau glisser sur moi. Rien.

Je me force à regarder avec attention la vigne vierge, les cyprès, tout ce que j'aimais, pour les retrouver. Peut-être qu'à force ça marchera.

Je me souviens de toi dans la Méditerranée. La première fois à Sainte-Maxime, tu avais deux ans. Sa découverte t'avait émerveillée. Tu lui tendais les bras, tu courais vers les vagues en riant aux éclats. Les gouttes étincelaient sur ta peau nue. Le soleil brillait.

À treize ans, en Turquie, tu découvris une mer toute transparente. Tu nageais en répétant que tu ne savais pas que la mer pouvait être ainsi.

Avec ta copine Valérie vous faisiez de la planche à voile. Cheveux au vent, droites, heureuses, libres.

Je me souviens.

C'était il y a une vingtaine d'années. Nous partions pour le festival d'Avoriaz où j'étais juré.

Dans la cour, nous nous sommes retournées pour un dernier signe d'adieu. Côte à côte, chacun sur le pas de sa porte, Alain et Jean-Louis nous souriaient. Entre eux, Vincent, qui avait six ou sept ans, nous faisait de grands signes avec ses deux bras en l'air.

Tu m'as dit avec ton sourire si spécial :
– Bravo ! Tu es très forte, maman.

Au téléphone, Jean-Louis est de plus en plus désemparé. Après avoir refusé de lire quoi que ce soit, il a fait une plongée dans les journaux. Il a changé. Lui aussi fait connaissance avec la haine. Nous ne savions ni l'un ni l'autre que nous éprouverions un jour un tel sentiment. Que de ruines ton meurtrier a causées en levant la main sur toi ! Que de ruines tous les hommes qui battent leurs compagnes font en levant la main sur elles !

Ils sont nombreux. Ne vivent pas forcément dans des cités-dortoirs.

Parmi eux, que ça nous arrange ou non, il y a aussi des hommes qui ont accès à la culture, donc à la réflexion, il y a des hommes de droite, et, même si ça nous dérange, des hommes dits de gauche.

Ton meurtrier avait « réussi », comme on dit. C'était un donneur de leçons. Il défendait des causes. Ironisait sur Messier à la télé tout en restant chez Universal. Parlait haut et fort des sans-papiers, des Palestiniens…

Il ne pensait là qu'à son image.

Mais nous sommes ce que nous faisons. Ni plus ni moins. Il est l'homme qui a tué celle qu'il disait aimer. Il s'est acharné avec toute sa force contre toi, si mince, si douce. Il avait voulu te voler ton sens de la vie. Il n'a su qu'en faire. Il t'a harcelée. Il voulait que tu te sentes coupable de son incapacité de vivre.

Il a vu que tu lui échappais. Il ne l'a pas supporté.

Nous rentrons de Corse et lisons dans un journal que la famille de ton meurtrier, pour « lui remonter le moral », a organisé une fête au Café français de Vilnius ! Je n'arrive pas à croire ce que j'apprends. Ils ont osé danser, boire, projeter des images de toi avec les chansons de ton meurtrier ! Mais qui donc a osé faire la fête sur la mort de mon enfant ?

Mon amour chéri, tu me manques, tu manques à ton père, à ton frère, à tes enfants, à tes amis. Chaque matin, ma boîte à lettres est pleine. Pleine d'amour pour toi. Des amis et une foule de merveilleux inconnus.

« Mon bel amour, mon cher amour, ma déchirure, je te porte dans moi comme un oiseau

blessé… » Cette chanson que nous chantions souvent ensemble, à présent, en marchant dans la rue, je la murmure pour toi.

Une sale nuit, une brute a brûlé tes ailes magiques.

Hier soir, Samuel emménageait dans le nouvel appartement qu'il a loué pour recevoir les quatre enfants ensemble, le plus souvent possible. Avec Alain nous sommes passés les voir.

Les amis étaient là aussi.

Je suis allée retrouver Jules allongé sur le lit de son père. Il m'a demandé de regarder la télé avec lui. C'est un gros câlin, celui-là. Il s'est emparé de ma main et m'a caressé les doigts, il m'a demandé :

– C'est quoi un drame ?

– Une histoire qui finit mal.

– Y a des gentils et des méchants ?

– Des fois. Surtout, c'est triste… Tu penses à maman ?

Il s'est tourné d'un bloc vers moi, ses yeux dans les miens.

– Oui.

... Pense à son sourire, à sa joie, à ses câlins. Tu peux raconter ta maman à ton petit chien, si tu veux.

– Loulou ? Tu es folle, Nana, il comprendra rien !

– Si tu lui parles tout doucement, ça lui plaira.

– Tu crois ?

– Pas toi ?

Il s'est retourné vers la télé sans me répondre, mais a repris ses délicates caresses.

J'espère que je trouverai les mots justes au bon moment, avec tes fils.

Ma mère, quand elle vient à Paris dort dans mon bureau transformé pour elle en chambre dans ces moments-là. Elle est une mère merveilleuse, mais a le défaut d'être indiscrète. Elle fouille partout. Je le sais et j'ai planqué, je ne sais plus où, tes lettres les plus personnelles.

Dans mon désordre, tout de même, j'en ai retrouvé quelques-unes.

Tu signes parfois en verlan : IRAM, ou bien IRAM NARIMA, puisque moi je t'appelais Marie, Macha, Fifille ou Marina.

> *Mamounette,*
> *Il est splendide, ton scénario.*
> *À bientôt, ma petite Louloutte chérie.*
> *Embrasse bien les deux petits bons-hommes, Vincent comme d'habitude : pied droit orteil gauche, mais à l'envers, bien sûr.*
>
> > *Je vous aime.*
> > *Marie.*
>
> *Et puis P.S. :*
> *Toutes mes ficelles de caleçon pour* Défense de savoir.
> *Chef d'œuvre absolu.*
> *Oui, madame.*
> *Bonjour, le chef d'œuvre.*

Les « bonshommes », ce sont Alain et Vincent.

Défense de savoir, c'est un film que j'ai fait. Tu avais onze ans. Jean-Louis se faisait passer pour un flic, et t'interrogeait.

Quand j'ai eu la bonne prise, il m'a dit à part qu'il aimerait en faire une autre où il changerait son texte, pour vérifier si tu écoutais bien. Tu as si bien écouté que tu as naturellement changé ta réponse.

Il était surpris et très fier de toi.

Ce jour-là, probablement, l'avais-tu revu, ce film.

Une courte missive :
Voilà Paupaul,
Pour Alain qui ne l'a pas encore vu.
Et 20-100 et maman qui l'ont vu pitou-net.

Des baisers,
Marie.
Avec une photo de Paul âgé de deux semaines.

Pitounet... Naître. Tu inventais de jolis mots.

Quand j'étais inquiète de l'état de santé de ma mère, surnommée Nouche par ses petits enfants :

Ma minette

Faut dormir, moi aussi j'ai peur souvent, mais elle, c'est la vie. Elle sait comment ça finit. Nounouche est beaucoup plus prête que nous.

Et puis elle vivra la dernière, parce qu'elle a toujours été franco de port avec vous — et moi je t'aime et tu te marieras jamais par délicat...

J'ai égaré la page suivante.

Nous nous sommes mariés un matin, Alain et moi.

Tu étais son témoin, avec Samuel.

Vincent était le mien.

Nous étions juste nous cinq et tes trois enfants (Jules n'était pas encore né).

Léon courait de tous côtés. Paul était vexé parce qu'on lui avait refusé de s'asseoir sur les fauteuils en bois doré réservés aux mariés.

Roman : un prince, comme toujours.

Après, nous sommes allés prendre un *brunch* à la maison. À votre grande joie, la piètre cuisinière que je suis a raté les œufs coque, qui étaient durs.

Et puis celle-ci après la mort de papa que ses petits-enfants appelait Nano :

Ma mimine,

Je sais à quel point tu dois être désorientée. La mort de Nano me fait du mal. Il était à lui seul mes quatre grands-parents, tellement je l'aimais. C'était mon préféré.

Je l'adorais.

Et là, maminette, il a dû t'enlever un bout, je voudrais t'aider et te donner beaucoup, mais je n'y arrive pas.

J'ai peur de parler de lui.

Dans cette tristesse, c'est de toi dont je suis la plus proche.

J'ai besoin de toi.

Comme tu dois avoir besoin de moi !

Mais je ne peux pas, on a déjà tellement pleuré ensemble.

Je t'aime.

Je t'aime comme personne.

Sur le dos d'une enveloppe :

CHTA BON MAIS YAOURT tout seul demain with cheese moom
KISS BATCHO BAISERS – IRAM.

Celle-là doit avoir été écrite après le film *Fugueuses* que nous avons tourné à Lisbonne.

Et sur la photo d'une jeune femme souriante, tu as écrit sur l'arc de ses sourcils :
Des millions et millions de baisers.
Sur son nez :

À

Toi

Ma

Mère

Unique

Sur ses dents :
Ma mimine merci de m'avoir fait
Je suis une bien neuve Marie
Et sur son menton, tu as signé :
Fifille.

Une enveloppe verte avec tes dessins de petite fille dessus :

Maman, aujourd'hui jour de fête, je te la souhaite
Tu fais pour moi plus d'un point sur toute la planète
Quand j'ai besoin de toi, tu arrives en trottant

Ça ne t'ennuie jamais de tout laisser en plan
Du moment que je suis et que nous sommes
heureux
Dans ta jolie petite tête gambine en chantant
Un mari extra et deux charmants enfants.
Tu lis, tu tournes, écris assez souvent
Parfois tes travaux mécontents qui te prient
Et qui te demandent de frotter, repriser, repas-
ser tout le temps
Mais les travaux enfantins sont toujours
épatants.

Je trouve un beau livre rouge avec, écrit dessus : *Le livre de Nana.*

Sur la première page, des photos : Samuel et toi vous tenant par la main. D'autres de Roman, Paul, Léon et, minuscule, Jules.

Sur la deuxième et troisième pages, des belles lettres d'amour de Roman et de Samuel.

Sur la troisième, la tienne :

Ma maman, mon miracle, la chance de ma vie
Ma force et mon nid de plumes
Ma grande beauté généreuse
Toi, tu es bénie entre toutes les femmes
Ma mère Térésa en Armani
Avec des yeux aussi bouleversants
Que ceux d'un enfant grondé
Ma petite mère poule bravant
Une armée pour défendre ses petits
Ma petite mère, ma grande maman
L'armée, Alain, Vincent, Samuel, Paul, Léon,
Jules
Et Marie votre serviteur
Sommes là pour te protéger
Toi, notre miracle à Nous.

Tu as signé :
Ta chair, ton sang.

Cette lettre-là, j'ai pleuré en la recopiant.
Tu croyais si fort en moi, mon amour...

Quand je suis partie, début mai, pour
Vilnius, j'avais peur de ne plus revoir

maman. Quatre vingt-dix-sept ans. Si elle frôlait la mort, je ne pourrais courir auprès d'elle. Chaque métier a ses exigences. Un metteur en scène ne peut s'absenter de son film. J'avais calculé qu'avec les avions et elle à Megève, cela voulait dire trois jours d'absence. Inenvisageable. Cette pensée m'obsédait…

Je suis libre d'aller la voir depuis début août. Nous sommes en septembre Je n'ai toujours pas eu le courage d'aller embrasser ma mère que j'adore. On lui a caché ta mort. Elle t'aimait tant. S'identifiait à toi. Elle n'a plus la force. Et comme elle me connaît bien, j'ai peur, si elle me voit, qu'elle me demande ce qui ne va pas, et alors est-ce que je tiendrai le coup ? Quand des amis ou des inconnus me parlent de toi, de toute cette horreur, je ne peux réprimer les larmes qui me montent aux yeux. J'aime t'écrire, mais parler de toi…

Heureusement, mes trois sœurs et mon frère veillent sur maman. Elle est tombée. Fracture du bassin. Hôpital de Sallanches.

Je ne l'ai appris que plus tard, parce qu'ils veillent aussi sur moi. En pleine canicule, Lilou l'a ramenée dans son appartement à Megève, a changé son numéro de téléphone pour qu'il n'y ait pas d'appel de condoléances.

Huguette, qui passait une semaine auprès d'elle, quand elle a appris ta fin sauvage est partie sangloter sa désolation et sa fureur dans la montagne. Serge est auprès de Jean-Louis pour l'aider. Il viendra me voir dès son retour.

Carol veut me dire des trucs. Lesquels ? Je ne peux pas encore les entendre. Carol a découvert la foi.

Lilou me couvre de tisanes, de mélanges d'herbes, de médicaments naturels, elle me massse. Petite, elle voulait faire médecine. Se consacrer aux autres. Ce qu'elle fait à sa manière aujourd'hui.

Benoit et Thomas m'appellent et me laissent des messages pleins de leur forte tendresse.

Oh, ma chérie, je vais être seule à présent à me souvenir du Sambo's hôtel... Alain tournait alors au Canada. Nous l'avons rejoint avec Vincent qui, durant le voyage, nous tenait de force les yeux ouverts. Il avait deux ans et demi. Alain avait loué un grand appartement. C'était le début de notre vie avec lui. J'avais attendu que tu l'acceptes.

Le premier matin, pour manifester ton acceptation sans avoir à la formuler, tu t'es levée et tu as préparé un superbe petit déjeuner. Cela, c'est vraiment toi : délicate, généreuse et discrète.

Alain tournait. J'ai loué une voiture et nous sommes partis par la côte vers San Francisco. Durant tout le voyage, chaque matin, Vincent se calait à l'arrière, son seau et sa pelle entre les jambes. Il attendait la plage promise. Nous lui disions : « Oui, elle arrive, la plage : cinq minutes ! »

Dans l'Oregon il y en avait une si belle que nous y sommes allés. Des rochers émergeaient, grandioses. Nous avons fait un très beau château de sable et nous sommes repartis. Toi et moi, nous étions prises par la rage de rouler. À San Francisco, je t'ai demandé si tu préférais un bel hôtel ou un moche, et, dans ce dernier cas, nous dépenserions l'argent économisé en achats. Tu as choisi les achats et c'est ainsi que nous avons découvert le « Sambo's hôtel ». Il y avait une pancarte verte avec un pauvre palmier dessiné dessus. Notre chambre n'avait pas de fenêtre, mais une porte-fenêtre ouvrant sur le balcon qui courait tout autour de l'hôtel. Le balcon donnait sur un parking. Nous y avons passé toutes nos soirées, accoudées à la balustrade. Vincent ne voulait pas dormir avant nous. C'était son époque insomniaque, qui a duré les quatre premières années de sa vie. Il nous appelait en criant très fort. Nous lui hurlions : « Dors, maintenant ! » Les coudes sur la rambarde, on contemplait le parking en plein air. Des couples sortaient de l'hôtel, des familles y débarquaient. Nous critiquions tout le monde et nous avions des fous rires à cause de notre attitude de commères.

Le matin, nous allions prendre notre petit déjeuner dans un magnifique hôtel tout en marbre. On commandait des *french toasts* pour Vincent qui, on le savait, ne les mangerait pas, et nous les dévorions ensemble.

J'aimais à la folie la *ricotta*. Tu en achetais des pots énormes et tu m'en faisais manger pendant que je conduisais. Ç'a t'amusait de m'en fourrer des cuillerées dans la bouche en plein carrefour.

Nous sommes allés au musée voir les peintures, boire dans un salon de thé japonais au-dessus d'un lac, acheter n'importe quoi au quartier chinois et dans les grands magasins. Au retour, nous sommes passés par les Rocheuses. Dans des parcs nationaux, nous avons nourri des chèvres avec nos mégots. Pour faire plaisir à Vincent, nous avons fait un tour ridicule, prétendument en plein désert (ça n'était qu'une pauvre dune), à bord d'une Jeep décapotée.

On se perdait souvent. Les gens à qui nous demandions notre route laissaient tomber leur tondeuse à gazon et nous ramenaient sur le bon chemin.

Plus gentils que les Français, là.

Une fois, nous avons fermé la voiture en laissant les clés dedans. Un jeune homme très gentil a crocheté la porte et nous a sauvés.

Je me suis fait arrêter pour excès de vitesse. Les flics nous ont laissé le choix entre payer l'amende ou être jugés tout de suite. Tu m'as suppliée d'opter pour le jugement. Tu fus enchantée en découvrant le tribunal. Tu m'as dit : « On se croirait dans un film de John Ford. Tu es Katherine Hepburn ! » – ce qui était évidemment un grand compliment. J'ai été jugée. J'ai payé. Je vous regardais, Vincent et toi, sur les bancs, au milieu des agriculteurs américains. Vous étiez ravis.

11 septembre. Il y a deux ans. Nous étions en plein travail sur *Colette*, dans mon bureau, quand Samuel t'a appelée. En raccrochant, tu m'as dit en riant :

— Samuel me dit d'aller voir la télé, il dit que c'est fou ! Il est dans un état !

— Il y a quoi à la télé ?

— Il m'a pas dit... Alors quand Colette rencontre Missy...

Et nous avons poursuivi notre travail.

Une heure plus tard, Alain nous a hurlé de descendre voir la télé, que c'était fou !

En riant, nous sommes descendues le rejoindre. Tu m'as dit :

— Ils sont pareils, hein, Alain et Samuel ! Ils se mettent dans des états pour Dieu sait quoi !

Sur l'écran, le spectacle incroyable de l'avion rentrant dans la tour nous a coupé le souffle.

Deux ans... Je suis devant mon petit bureau. La planche à repasser que tu avais mise en équerre auprès de moi, pour installer ton propre ordinateur, n'est plus là.

Toi non plus.

Tu me manques.

Ma fille me manque.

Ma magnifique comédienne aussi.

Un film sans toi… ?

Est-ce possible ? Envisageable ?

Aux journalistes qui me demandaient « pourquoi ce film ? », parfois je répondais en riant : « Pour voir mes deux enfants neuf heures par jour, et que ce soit normal. » Je parlais aussi du bonheur de partager la création avec ses enfants, comme les familles de musiciens, de cordonniers autrefois. Tendre son outil de travail à sa fille, à son fils, leur enseigner comment s'en servir, et les voir vous dépasser…

J'espère que Vincent m'aidera à passer ce cap.

Mais il a son propre chagrin.

Sa nouvelle solitude de fils unique à affronter. Il ne faut pas que je lui sois pesante. Mais moins respectueuse puisque, pour toi, je l'ai trop été.

Sans toi, nous avons perdu la joie.

Après le procès de ton meurtrier, je rejoindrai peut-être les mouvements qui tentent d'aider les femmes anonymes, dont certaines, comme toi, meurent sous les coups de ceux qui, croyaient-elles, les aimaient. Il faut les secourir. Ce que je n'ai pas su faire à temps pour toi, peut-être arriverai-je à le faire pour tes sœurs de souffrance. Peut-être saurai-je trouver les mots pour qu'elles parlent à leur tour. Qu'elles portent plainte avant que le pire n'advienne pour elles.

Je t'aime, ma fille chérie. Je t'aime à jamais. Peut-être parviendrai-je un jour à ne plus être obsédée par les horribles images de la fin de ta vie. J'arriverai à penser à toi avec douceur, et à te sourire.

Peut-être.

Je ne suis sûre de rien.

Maman

Aujourd'huie jour de fête je te la souète

Tu fais pour moi plus d'un point sur toute la planete

Quand j'ai besoin de toi tu arrive en trotant

Ça ne t'envirai pas de tout laisser en plan

Du moment que je suis et que nous sommes heureu

Dans ta jolie petite tête gambine en chantant

un mari estra et deux charmant enfant

tu lis ,tu tournes ecris assez souvent tu oublis

parfois tes travaux mecontemps qui te prient

Et qui te demende froter, repriser et repasser
                                    tout le temps
Mais les travaux enfantain sont toujours
                                    EPATANTS

                ∂ Marie

Ma mimine

Tu sais a quel point
tu dois être désorante
La mort de papo
me fait du mal
c'était a lui seul
mes 4 grands parents
tellement je l'aimais
c'était mon papé
je l'adorais.
Et toi ma nunette
il a dû t'enlever
un bout je voudrais
t'aider et te donner
beaucoup mais je n'y

arrive pas.
J'ai peur de parler de
lui
Dans cette tristesse
c'est de toi dont
je suis le plus proche
j'ai besoin de toi
comme tu dois avoir
besoin de moi.
Mais je ne peux pas.
On a déjà tellement
pleuré ensemble.
Je t'aime
je t'aime comme
personne.

163

Ma maman , mon miracle
La chaux de ma vie
Ma force et mon nid de plume
Ma grande beauté généreuse
Toi , tu es béni entre toutes les femmes.
Ma mère Theresa en Armani
Avec des yeux aussi bouleversant
que ceux d'un enfant gronder
la petite mère poule bravant
une armée , pour défendre ses petits
Ma petite mère , ma grande maman
L'armée Alain, Vincent, Samuel, Ronan
Paul, Léon, Jules et Mario Votre serviteur
Sommes là pour te protéger
Toi notre miracle à Nous.

                    Ta chair , Ton sang

164

Mamourette

Il est splendide ton scénario.

A bientôt ma petite loulette
chérie.
Embrasse bien les deux
petits bonhommes —

Vincent comme d'habitude
pied droit oeil gauche
mais à l'envers bien sûr.
je vous aimes
Marie ⑦

Et puis PS :
Toutes mes ficelles de caleçon
pour "befaire de savoir"
chef d'oeuvre absolu
du madame
Bonjour le chef d'oeuvre

165

Voila PauPaul.
Pau Alain qui ne l'a pas encore
vue.
Et 2010 et maman qui l'on vu
fitaunt.
Des baisus
Rino

Ma mi bette

faut dormir, moi aussi
j'ai peur pour la marche
et j'ai pleuré souvent ?
Mais elle, c'est la vie,
elle sait comment ça finit.
Mamarde est beaucoup plus
posée prête que nous.
Et puis elle aura la
dernière parcequ'elle a
toujours été franche de porc
avec nous et moi je l'aime
et tu le manera jamais par
délicat

→ délicatesse j'aime

167

Composition :
Paris PhotoComposition
75017 Paris

Impression réalisée sur CAMERON par

BUSSIÈRE CAMEDAN IMPRIMERIES

GROUPE CPI

à Saint-Amand-Montrond (Cher)
pour le compte des Éditions France Loisirs
en janvier 2004

N° d'édition : 39918. — N° d'impression : 040062/1.
Dépôt légal : octobre 2003.

Imprimé en France